Frédérique Préel

Toi mon vivant Poème

LEDUC.S PRATIQUE

Va, traverse les miroirs
Où se reflète ton regard
Tu es un vivant poème
Le vivant poème (bis)
Mon vivant poème.

Jean-Louis Aubert,
« Vivant Poème »

À mes trois hommes, mes trois piliers.
Papi de Caen, mon modèle de bienveillance.
Papa, mon modèle d'intégrité.
Manu, mon modèle de résilience.

À ma fille, mon petit soleil,
et à Paul, mon « pur et dur »,
qui m'ont élevée vers le haut…

À ma mère, qui m'a transmis sa faim insatiable
d'apprendre et m'a toujours poussée à exprimer
mes émotions, ce qui m'a sauvée.

À ma sœur adorée préférée.

Sommaire

Attention à ce que tu dis !

Préface de Marcel Rufo

Justifions d'abord ce titre étonnant. Oui, je dois être prudent en écrivant cette préface. Pourquoi ? D'abord parce que Frédérique est une amie avec laquelle, depuis sept ans, je parcours la France à la rencontre des lecteurs et lectrices de *Version Femina*. Mais surtout du fait que le texte que vous allez parcourir a été validé scrupuleusement thème par thème, anecdote par anecdote, réponse par réponse par le deuxième écrivain : son fils Simon. Héros et partenaire de l'aventure de leur vie. On apprendra que, dans son enfance, Frédérique rêvait beaucoup. Tenant bon sur le souhait d'avoir un petit frère. On cherche tous et toutes, toujours, dans nos particularités psychologiques, une responsabilité de transmission, favorable ou pas, au niveau de nos enfants. On est d'accord, elle rêvait beaucoup, mais quand je rencontre des grands rêveurs, je trouve qu'ils prouvent une belle capacité intellectuelle. Le désir du petit frère nous éclaire en partie sur un mode de relation quasi fraternelle entre la mère et le fils. Elle est aussi la grande sœur de son enfant. Une preuve ? La jalousie exprimée par Simon à propos des relations de sa mère avec son frère aîné. Il faut aussi souligner, vous le percevez, le rôle essentiel du père, renforcé encore par la disparition par « peste noire » (leptospirose) du grand-père maternel, image emblématique de la famille. Manu a un rôle central. Il tient bon, ne désespère jamais, s'énerve seulement une fois lors d'un refus de scolarité intégrative. Et puis de manière obsessionnelle, répétitive… non ! – je change de qualificatifs – pour éprouver du plaisir, le petit garçon est le premier fan de RTL2, avec une connaissance encyclopédique des chansons et des interprètes. Le livre est scandé par des morceaux de chansons (celles qu'il aime), car on est de son enfance comme de ses chansons. Le parcours a été très difficile mais, dès le début de ce livre, on perçoit les talents particuliers de Simon : son extrême sensibilité, sa spectaculaire adhésion, participation, au bilan d'évaluation du centre spécialisé de Tours. Il fixe même le tempo en décidant de renouveler le bilan au bout de dix-huit mois ! Pour mettre en exergue les progrès qu'il aura effectués. Mais attention à ne pas être trop descriptif, car je sais que mon propos est surveillé (Simon va lire ma préface !). Cheminez avec ces deux auteurs, avec les autres membres de la famille (la sœur de Simon a fait psycho, elle aura du talent !). Je vais, moi, persévérer dans ma prudence. Comme quand je t'ai croisé, Simon, en admirant le talent de ta grand-mère, sa tolérance, l'affection et l'admiration dont tu bénéficiais. Tu partais sans cesse et tu revenais, car tu avais des choses à faire. Je suis sûr que ceux qui liront ce livre auront envie de te rencontrer, de te connaître. Et moi, on est d'accord, je suis prudent.

1

« J'étais pas là... »

Mon papa qui venait me border,
Moi, déjà, dans mon pays rêvé,
Moi, déjà, dans l'baba au rhum.

Alain Souchon, *« J'étais pas là »*

Le jour où j'ai entendu cette chanson d'Alain Souchon, j'ai reconnu mon enfance. Elle racontait la petite fille que j'avais été. Physiquement là, mais ailleurs dans sa tête. Petite fille presque modèle qui vivait une double vie, celle d'une enfant sage qui grandissait dans une famille aimante et celle d'une espionne qui était tantôt l'amoureuse de James West, le héros des *Mystères de l'Ouest*, tantôt la compagne de Steve Austin, *L'homme qui valait trois milliards*. Mes parents me parlaient, mes lèvres répondaient mais « j'étais pas là »... Dans la cour, je suivais un groupe d'enfants, jouais en apparence et pourtant « j'étais pas là »... 1, 2, 3 soleil : « Mais Frédérique, il faut que tu bouges. » Parfois, mes absences me jouaient des tours. Et si j'étais découverte ? Et si on se rendait compte que j'étais différente ? Surtout ne pas me faire remarquer. Tel le caméléon, m'adapter en surface, coller aux basques de trois ou quatre filles pour ne pas rester seule. Ça aurait attiré l'attention. Pendant qu'on jouait aux Indiens et aux cow-boys dans la cour de l'école Lamazou, j'entendais les ordres de mon chef, une sorte de Big Brother qui me « regardait » vingt-quatre heures sur vingt-quatre et me reprenait sur ma façon de me tenir, sur mes paroles et mes actes. Attention, personne ne devait découvrir qui j'étais vraiment ! Sinon, c'en était fini de ma carrière d'espionne et de celle de mon père (car mon papa chéri était lui aussi, bien entendu, un agent secret). Sa blouse blanche de médecin n'était qu'une couverture.

Je passais des heures à peaufiner mes scénarios. Je rêvais ma vie au lieu de la vivre.

Comment ai-je pu si longtemps faire semblant sans que personne ne remarque rien ? Ma mère me l'assure aujourd'hui : ni elle ni mon père ne se sont jamais doutés de quoi que ce soit. Mais Dieu que c'était fatiguant ! Mes seuls moments de répit ? Quand je pouvais fermer la porte de ma chambre et me laisser aller à mes rêveries. Là, je mettais la musique à fond et c'était parti pour mes longs-métrages. Ma période « agent secret » passée, j'imaginais ma vie d'après : mes études, mon mariage, mes enfants... Je passais des heures à peaufiner mes scénarios. Je rêvais ma vie au lieu de la vivre. Pourquoi ? Par peur des autres ? Par peur de me confronter au rejet ? Sans doute... À huit ans, à l'école Jeanne d'Arc de la Roche-sur-Yon, où nous avions déménagé, on m'appelait la Parisienne. Je comprends mieux quand je regarde les photos d'alors. Cet air éthéré, détaché, lointain pouvait passer pour de l'indifférence voire du dédain. Il n'en était rien. J'aurais rêvé me fondre dans ces groupes d'enfants, mais je ne m'y sentais pas à ma place.

À tel point que, lorsque ma mère devait me laisser à la cantine, je finissais par me « sauver » et rentrer à la maison incognito. Me retrouver au milieu des autres sans le cadre rassurant de la classe était trop difficile à supporter pour moi. Une véritable épreuve, tout comme les récréations. Il faudrait que j'adresse la parole aux autres, que je fasse la conversation. Ça me rendait tellement malade que j'étais prête à tout pour louper une journée de classe. J'étais devenue experte dans la manière de faire monter le mercure du thermomètre : le frotter contre une couverture, le placer contre une ampoule... Mais mon père, qui venait me réveiller tous les matins, n'était pas dupe. « Ton front n'est pas chaud ! » Alors j'améliorais ma stratégie. Je me levais vingt minutes plus tôt et faisais un footing dans ma chambre pour être rouge et brûlante ! Ou je me frottais le front avec la paume de ma main (un jour, je me suis écorchée à force de râper ma peau !). Mon père, un dur à cuire, ne s'est jamais laissé amadouer.

Mon autre technique (inconsciente !) pour ne pas me confronter aux autres et rester seule, c'était les crises d'asthme. Un jour chez ma grand-mère, ma mère m'annonça qu'une de ses amies que je ne connaissais pas devait venir passer l'après-midi avec ses enfants, des jumeaux de mon âge. Au cours du déjeuner précédant la fameuse arrivée, j'attrapais dans la conversation les mots « turbulents », « remuants ». Il n'en faudra pas plus pour que je ne voie pas un cheveu desdits jumeaux. Une crise d'asthme carabinée me cloua au lit, dont je ne ressortis qu'une fois les garnements partis !

Autant dire que, une fois devenue maman, lorsqu'une enseignante me convoquait pour me dire, inquiète, que l'un de mes enfants était rêveur, dans son monde, dans sa « bulle »

– ce qui est arrivé pour les trois ! –, je lui disais qu'il avait de qui tenir et ne m'inquiétais pas outre mesure. Les chiens ne font pas des chats, avais-je coutume de répondre. Tiphaine, Paul et Simon n'étaient pas dans le moule, comme je pensais ne pas l'avoir été moi-même. J'étais passée entre les gouttes, ils y arriveraient aussi. Ce fut le cas pour les deux premiers. Est-ce pour cela que je suis restée longtemps dans le déni pour Simon ? Sans doute… Mais je ne regrette pas cette période où j'ai refusé de lui coller une étiquette. Je reste persuadée que le fait de ne pas avoir considéré Simon, les premières années, comme porteur d'un diagnostic définitif lui a permis de s'épanouir, de progresser. J'ai souvent dit à mes différents interlocuteurs que si nous avions vécu sur une île déserte, jamais nous n'aurions considéré que Simon avait un problème. C'est à cause de l'école qu'il est considéré comme « handicapé ». L'Éducation nationale nous a imposé cette étiquette : il fallait que Simon « accède » à ce statut pour être accompagné par une auxiliaire de vie scolaire et poursuivre sa scolarité. Mais j'aurais préféré honnêtement ne pas avoir à passer par cette étape. Cela a été une véritable épreuve pour moi. Presque aussi difficile que de découvrir qu'il n'était pas tout à fait comme les autres. C'est comme si je le montrais du doigt devant toute la société, comme si je l'enfermais dans un rôle.

« *J'ai souvent dit à mes différents interlocuteurs que si nous avions vécu sur une île déserte, jamais nous n'aurions considéré que Simon avait un problème.* »

C'est là un avis purement personnel et je dois préciser que Simon est porteur d'un autisme que l'on peut qualifier de léger. Je n'aurais certainement pas le même point de vue si mon fils ne parlait pas, ne dormait pas et se tapait la tête contre les murs à longueur de journée. J'ai conscience que mon parcours de maman est beaucoup moins compliqué que celui des mères courage que j'ai croisées dans les salles d'attente, qui ont dû arrêter de travailler parce qu'aucune structure ne voulait accueillir leur enfant, qui ont été quittées par leurs conjoints, terrassés par l'ampleur de la tâche. J'ai un travail, un mari, des enfants aujourd'hui adultes qui n'ont eu de cesse de m'épauler, une mère qui me materne encore à cinquante ans. C'est à eux que je dois de ne pas m'être écroulée, de m'être relevée chaque fois que je trébuchais. Et à Simon qui tous les jours m'émerveille, me fait rire, me pousse dans mes retranchements, me fait grandir. Il m'a appris à ne pas me projeter, à vivre au jour le jour, à célébrer chaque petite victoire. Paradoxalement, il m'a guérie de cette angoisse que j'avais chevillée au corps depuis toute petite. Je redoutais toujours qu'il m'arrive quelque chose de grave. Quelque chose de grave m'est arrivé et je suis toujours debout. Je n'ai plus à craindre l'avenir. Je n'ai plus qu'à me battre.

[illegible]

2

« Je suis prêt à avoir un troisième enfant »

Toi le frère que je n'ai jamais eu
Sais-tu si tu avais vécu
Ce que nous aurions fait ensemble
Un an après moi, tu serais né…

Maxime Leforestier, *« Mon frère »*

À dix ans, je rêvais déjà d'avoir trois enfants. Deux, pour moi, ce n'était pas vraiment une famille. Est-ce parce que je considérais que j'étais la fille de mon père et que ma sœur, de deux ans et demi ma cadette, était celle de ma mère ? J'étais persuadée qu'un chiffre impair permettrait de redistribuer les cartes. Pauvre maman, qu'est-ce que je l'ai tannée pour avoir un petit frère ! Tous les prétextes étaient bons : l'os du bonheur du poulet, une étoile filante… Chaque fois que se présentait l'opportunité de faire un vœu, le rituel s'imposait : « Tu sais, maman, quel est mon vœu ? Tu le sais, hein ? » Évidemment qu'elle le savait ! Mais ce que j'ignorais, c'est que les médecins lui avaient déconseillé une troisième grossesse. Nous l'a-t-elle confié ou bien avons-nous compris, ma sœur et moi, qu'il nous fallait abandonner l'idée que notre mère porte un autre enfant ? Toujours est-il que, à un moment, nos vœux ont bifurqué vers l'adoption. Nos parents ont même fait une demande, mais qui n'aboutira pas. En pleine crise des boat people, ma sœur et moi avions écrit au président de la République et au ministre des Affaires étrangères pour leur dire que nous étions prêtes à accueillir un « petit frère » réfugié dans notre famille. Quelques temps plus tard, l'assistante sociale appela notre mère pour lui demander si elle acceptait d'héberger momentanément un petit garçon cambodgien de cinq ans. Au cours de la conversation, ma mère apprit que cet enfant avait une maman qui était, elle aussi, dans un camp de réfugiés en France. Pas question de séparer l'enfant de sa mère ! Kunnarath passera plus d'une année au sein de notre famille avec sa maman, Poden, le temps de s'adapter à la vie en France. À défaut d'un petit frère, notre famille s'était enrichie d'une branche cambodgienne, toujours présente aujourd'hui à nos côtés.

« *J'étais bien décidée à avoir en temps voulu trois enfants, malgré l'oiseau de mauvais augure qu'était ma première gynécologue.* »

J'avais donc fait une croix sur ce petit frère tant espéré, mais j'étais bien décidée à avoir en temps voulu trois enfants, malgré l'oiseau de mauvais augure qu'était ma première gynécologue. J'étais une enfant Distilbène et, devant l'irrégularité de mes cycles (un ou deux par an !), elle m'avait dit à seize ans que j'aurais du mal à donner la vie. Je ne pense pas qu'elle ait mesuré l'impact de ses paroles sur l'adolescente que j'étais. Dès lors, devenir mère est devenu une obsession.

À la vue d'un bébé, mes yeux se remplissaient de larmes. Je gardais ma souffrance pour moi, n'en parlant ni à mes parents ni à mes amis.

Cette angoisse de ne pas pouvoir être maman, je ne l'ai partagée qu'une seule fois. Avec celui qui allait devenir mon mari. C'était dans les couloirs de la ligne 13. C'est fou comme on se rappelle des détails un peu futiles des moments importants de notre vie, comme si ces scènes étaient figées dans notre mémoire. Nous nous connaissions depuis quelques mois. Comme ça commençait à devenir sérieux entre nous, je voulais aborder le sujet. Pas question que je l'embarque dans une vie sans enfant sans qu'il soit au courant. Quelle idée de lui en parler dans le métro ! Sa réponse fut immédiate : « Ce n'est pas grave, on en adoptera ! » J'étais rassurée.

Juste après notre mariage, je suivis scrupuleusement le protocole indiqué par le médecin. Dès l'arrêt de la pilule, enchaîner sur du citrate de clomifène pour stimuler mes ovaires, histoire de réveiller ces deux endormis. Trois mois plus tard, j'étais enceinte. Et donnais naissance, malgré une grossesse chaotique, à une petite fille, Tiphaine. Nous avions ensuite laissé passer deux ans. Puis même protocole avec un autre gynécologue qui recommandait cette fois une surveillance échographique pour éviter d'avoir des triplés ! Au bout de quelques mois, une autre grossesse s'annonçait et Paul arrivait trois ans après sa sœur. Le choix du roi. J'exerçais le métier dont je rêvais depuis toujours, journaliste, et je me donnais à fond, considérant que j'avais une chance inouïe de m'épanouir dans mon travail. Avoir eu des enfants était un miracle. Je me pinçais presque pour vérifier que tout cela était vrai.

Nos vies professionnelles, à mon mari et moi, étaient bien remplies. Je me jetais à corps perdu dans mon travail. J'avais soif d'apprendre, de progresser. Je participais à la création d'un magazine, puis d'un autre. De temps en temps, j'évoquais l'idée d'un troisième enfant. Tout d'abord mollement, puis de façon de plus en plus insistante. Mon mari m'opposait un non catégorique. Nous avions tous les deux trop de travail, nous avions trouvé un équilibre de vie qui lui convenait. Balivernes ! Je savais que la vraie raison se trouvait ailleurs. Nous n'avions pas la même histoire. Moi je n'avais qu'une sœur et j'avais rêvé inlassablement d'un petit frère, tandis qu'il était le troisième non désiré à qui son père avait lancé : « Si on avait su, on n'aurait pas eu de troisième enfant. » Sa mère avait eu elle aussi des paroles extrêmement dures à l'égard de sa progéniture. Comment se remet-on d'une telle enfance ?

Sa mère, je ne l'ai rencontrée qu'une fois. Elle n'était pas venue à notre mariage, refusant depuis des années de voir son fils. Profitant d'un reportage dans le sud de la France où elle résidait, j'avais sonné à l'interphone. J'avais longuement insisté avant qu'elle accepte de m'ouvrir. Comme je suis heureuse de ne pas avoir tourné les talons à son premier refus ! Parce que, ce jour-là, elle m'a dit combien elle regrettait d'avoir fait du mal à ses enfants, que j'avais de la chance de m'être mariée avec Manu parce que c'était le plus gentil des garçons, qu'avec lui elle était sûre que je serai heureuse. Surtout, elle lui demandait pardon. J'ai pu le dire à mon mari. J'ai pu le dire à Tiphaine et à Paul. Et sur la silhouette monstrueuse d'une mère qui avait perturbé psychologiquement ses enfants s'ajoutait celle, fragile, d'une vieille femme malade, mentalement dérangée et qui, trois semaines avant sa mort, avouait tout le mal qu'elle avait fait à ceux qu'elle aurait dû chérir et protéger. Bien sûr, cela n'efface rien. Bien sûr, comme me l'a souvent dit mon mari, ce n'est pas à lui qu'elle a demandé pardon. Et pour lui le troisième enfant restait inconsciemment « celui qu'on n'aurait pas dû avoir ». Je comprenais cela, mais j'avais du mal à accepter qu'il m'impose de n'avoir que deux enfants. Et lui avait du mal à accepter que je lui en impose un troisième.

Je me souviens d'une discussion dans la voiture, au pied du journal. Je lui ai quasiment posé un ultimatum parce que ce troisième enfant, c'était vital pour moi et que je voulais lui prouver que c'était vital pour lui aussi. Il ne pouvait pas continuer à penser inconsciemment qu'il n'aurait pas dû naître. Avoir un autre enfant, c'était faire un pied de nez à ses parents. Ce serait le bébé de la réparation. Est-ce la conséquence de notre discussion ou était-ce son propre cheminement ? Il a décidé de suivre une thérapie afin de régler, une fois pour toutes, ses comptes avec ses géniteurs, qui étaient morts avant qu'il ait pu leur dire ses quatre vérités. À la fin de ce « travail », il m'a déclaré qu'il souhaitait avoir un bébé. Je lui ai proposé de réfléchir six mois ; j'avais trop peur qu'il prenne cette décision uniquement pour me faire plaisir. Cet enfant devait être notre projet à tous les deux. Six mois plus tard, il voulait toujours ce petit benjamin. J'étais folle de joie.

La décision était prise mais, à presque quarante ans, je ne voulais pas forcer la nature. Nous étions d'accord sur ce point tous les deux. Pas d'inducteur d'ovulation pour cette fois. Et la nature fit bien les choses… Alors que l'on m'avait dit que j'aurais beaucoup de mal à avoir des enfants, que je me trouvais statistiquement dans une tranche d'âge où la fertilité fond comme neige au soleil, je me suis retrouvée très vite enceinte. J'étais sur un petit nuage…

Nous l'avons annoncé aux enfants le jour du marathon de Paris, où nous étions allés soutenir notre ami Philippe. Et c'est au restaurant, entre la poire et le fromage, que je leur ai appris la nouvelle. Paul et Tiphaine ont aussitôt regardé leur père, qui leur a dit : « Je suis très content. » Et alors seulement, ils ont laissé éclater leur joie. Rassurés. Des fois que maman aurait fait un enfant dans le dos à papa !

Commença alors une grossesse idéale. Les deux précédentes, malgré ma joie d'être enceinte, avaient été perturbées par différentes difficultés ou événements. J'avais appris que j'attendais Tiphaine deux mois après la mort de ma bellemère dans des conditions dramatiques. Au premier trimestre, j'avais fait une hémorragie, perdant vraisemblablement un « jumeau ». J'avais passé une grande partie de ma grossesse allongée, craignant de perdre cet enfant que j'avais tellement redouté de ne jamais concevoir. Pour Paul, les circonstances n'étaient guère plus réjouissantes. Mon beau-père avait eu un grave accident de voiture pendant ma grossesse et mourra trois mois après la naissance de ce petit-fils qui le réjouissait tant.

Je rêvais d'une grossesse comme un long fleuve tranquille. Ce fut le cas. Je tenais une forme olympique. Mon bonheur me donnait des ailes… Les meilleurs moments de ces mois de communion ? Les séances d'haptonomie que nous effectuions tous les trois. Ce bébé, nous faisions sa connaissance au fil des mois. Et il répondait à nos sollicitations en se lovant au creux des mains que nous posions sur mon ventre. Restait à lui trouver un prénom. Pour une fille, nous étions d'accord sur Mayrig – titre du premier film que nous étions allés voir ensemble Manu et moi, peu de temps après notre rencontre (en fait, Mayrig n'est pas un prénom, mais un mot arménien qui veut dire « maman »). Pour un garçon, c'était plus compliqué. Or l'échographie était sans appel : le bébé était de sexe masculin. Dans la maison que nous avions louée dans le Périgord cet été-là, ma grande activité a consisté à effectuer des listes de prénoms et à les tester auprès de mon mari et de mes enfants. Finalement, notre choix s'est porté sur Simon. Un prénom que nous aimions tous les deux, mais c'était également le nom de famille de la mère de mon mari. Cela nous a fait hésiter. En même temps, c'était un beau symbole : cet enfant réconciliait Manu avec son enfance, avec sa famille.

> *« Ce bébé, nous faisions sa connaissance au fil des mois. Et il répondait à nos sollicitations en se lovant au creux des mains que nous posions sur mon ventre. »*

Un accouchement de rêve. Simon est né à 5 heures du matin. Beau comme un petit bouddha. Un petit bouddha plein de cheveux ! Manu a le temps de le prendre en photo et de le montrer aux enfants avant qu'ils partent à l'école. Ils sont aux anges...

Pendant les mois qui suivent, je profite du bonheur d'avoir le temps de m'occuper de mes trois enfants, moi qui ai toujours été happée jusque-là par ma vie professionnelle. Je ne te quitte pas, mon Simon. Je suis mon instinct de mère, contrairement à ce que j'ai fait pour mes deux premiers bébés où j'étais ballottée entre les conseils des uns et des autres : « Laisse-la pleurer, tu vas en faire une capricieuse », « Ne le prends pas trop dans les bras, il ne voudra jamais rester dans son transat »... Là, je n'en fais qu'à ma tête. On fait la sieste tous les deux sur le canapé. Le soir, tu t'endors dans mes bras. Résultat : tu ne pleures quasiment jamais, tu suis le rythme trépident de la famille, passant ta vie dans la poussette à faire des allers-retours entre les différentes activités de ton frère et de ta sœur.

« Tu es un peu cabotin : quand tu fais les petites marionnettes, tu t'assures que tout le monde te regarde et, à la fin, gare à celui qui n'applaudit pas ! »

Tu es de nature joyeuse. Celle qui a le don de te faire éclater de rire, c'est ta tante Sophie. Grimaces et bruits bizarres, c'est tout ce que tu aimes ! Tu es un peu cabotin : quand tu fais les petites marionnettes, tu t'assures que tout le monde te regarde et, à la fin, gare à celui qui n'applaudit pas ! Il faut dire que tu as quatre fans à la maison – auxquels il faut rajouter ton cousin Henri – qui s'exclament à chaque nouvelle mimique. Je suis heureuse, j'ai enfin une famille. Ma famille. Comme dans mes scénarios de petite fille. Dans la lettre que j'envoie chaque année à mon « cercle de confiance » en guise de carte de vœux, j'écris alors : « Ce qui est magique à l'arrivée d'un bébé, c'est qu'au bout de quelques semaines, on a l'impression qu'il est là depuis toujours, que sa place l'attendait, que c'est le morceau de puzzle qui nous manquait. La vie m'a souvent gâtée, mais avec la naissance de Simon, ça a été le summum. "Trop beau pour être vrai", voilà une expression qui cette année a pris pour moi tout son sens. Au risque d'en choquer certains, toutes ces choses positives, il a fallu les digérer. J'ai toujours l'impression de ne pas avoir mérité les cadeaux. Y compris ceux que me fait la vie. Sans doute des relents de morale judéo-chrétienne mal intégrée qui me font penser que tout ce que l'on me donne, il va falloir que je le paye un jour ou l'autre. »

3

« Il est trop dans son monde »

....

Menton rond
Bouche d'argent
Nez cancan
Un quinquet
Deux quinquets
Toc toc, petit maillet

Comptine de Mamie Lili

Ma grossesse, ta naissance, tes premiers mois se sont déroulés de manière idyllique. La suite est dans le même registre… Une crèche ouvre une semaine avant la fin de mon congé maternité, à 200 mètres de la maison. Je harcèle le service petite enfance de la mairie en y passant tous les deux jours et j'obtiens une place. Yes !

On commence l'adaptation, tout se passe très bien. Je te laisse, tu ne pleures pas. Tu as l'air indifférent à qui s'occupe de toi, passant d'une éducatrice à l'autre. Je ne prête pas attention à cela, plutôt heureuse que tu sois aussi souple. À la crèche, on me réclame un sosie de ton doudou qui puisse y rester à demeure, histoire d'éviter les oublis à la maison. Je cherche dans toutes les pharmacies le double de ton petit lapin Klorane, que je finis par trouver. On me demande aussi de laisser un de mes tee-shirts pour que tu gardes auprès de toi mon odeur. Mais très vite tu oublies le lapin et tu adoptes mon vêtement comme doudou officiel. Le problème, c'est que le tee-shirt reste à la crèche et que tu le cherches partout le soir pour dormir. Je sacrifie donc mon beau top vieux rose Gérard Darel que je coupe en deux. Tu aimes son toucher particulièrement doux et le fait qu'il y ait de la dentelle. En suçant ton pouce, tu grattes alternativement un côté puis l'autre. Au fil des années, chaque fois qu'on perdait un des jumeaux doudous, je partageais celui qui restait en deux pour en avoir toujours un de secours. Aujourd'hui, dix ans plus tard, il n'en reste plus qu'un tout petit bout effiloché que je garde précieusement, mais que je dois cacher régulièrement, car tu t'amuses à le retrouver.

Quand je reprends mon travail, je continue à t'allaiter matin et soir, faisant fi des commentaires : « Ça va te fatiguer ! », « Imagine, si on remarque que tu as des auréoles de lait en conférence de rédaction. » Rien de tout cela, juste du bonheur ! Ce sont nos moments de retrouvailles. Pour Tiphaine et Paul, j'avais trouvé très difficile de devoir arrêter de les allaiter en même temps que se terminait mon congé maternité. Forte de mon expérience, j'ai décidé de ne pas nous imposer cette double peine. J'arrêterai quand tu en auras marre. À neuf mois, tu commences à bouder mes seins… Message reçu ! Bref, un sevrage tout en douceur, pour toi comme pour moi.

Le matin, c'est moi qui t'emmène à la crèche. Le soir, deux baby-sitters se relaient pour aller te chercher, le temps que je rentre du journal. Pour tout le monde, RAS. Tu es un enfant particulièrement calme qui mange beaucoup, dort bien, sourit. Tu n'as pas l'air trop pressé de marcher ni de te déplacer, en rampant ou à quatre pattes. Ton grand plaisir, c'est de te dandiner dans ton transat, à ta place préférée. C'est-à-dire devant la chaîne hi-fi. Tu nous fais rire et on en redemande… Cela ne nous inquiète pas, on trouve ça même plutôt chouette. Tu seras musicien, décrète-t-on très vite. Je ne suis pas plus étonnée que ça, car j'ai toujours vécu en musique. Depuis mon adolescence, mon réflexe, dès que je rentre chez moi, c'est de mettre mes chansons préférées. Tu as baigné dans cette atmosphère pendant toute ma grossesse. Je trouve donc ton attitude tout à fait naturelle.

Autre particularité qui aurait pu nous mettre la puce à l'oreille : les jeux pour bébés ne t'intéressent pas. Mais ma conviction profonde, au moins jusqu'à tes dix-huit mois, c'est que tu étais un bébé comme les autres. Aujourd'hui, on en sait plus sur l'autisme. Une chose est sûre : cela n'a rien à voir avec l'éducation, avec la relation à la mère ou au père, comme nombre de psychanalystes l'ont laissé entendre pendant des années. Il s'agit d'un trouble fonctionnel des cellules du cerveau, probablement lié à une interaction entre les gènes et l'environnement (pollution, médicaments, virus…). Mais, à l'époque, nous sommes bien loin de soupçonner quoi que ce soit. Aucun nuage à l'horizon.

« *Ma conviction profonde, au moins jusqu'à tes dix-huit mois, c'est que tu étais un bébé comme les autres.* »

Au bout d'un an de crèche, la directrice me convoque : elle veut te faire « sauter » une section, que tu passes des « petits » aux « grands » sans passer par la case « moyens ». Non pas que tu sois en avance, mais il faut faire de la place pour un autre enfant. Cette idée est loin de m'enthousiasmer, car tu vas devoir quitter les bébés que tu côtoies depuis le début. Mais comme tu es très « facile », cela semble plus simple pour le personnel. À court d'arguments, je m'incline.

Cette deuxième année débute mal. Un soir, la baby-sitter m'appelle, affolée. Un petit garçon t'a mordu à la joue. Il ne t'a pas loupé, le coquin ! (Tu garderas une trace pendant trois semaines...) Le lendemain, quand je demande ce qui s'est passé, l'équipe reste évasive et m'explique qu'un enfant qui mord, ça existe dans toutes les crèches. Malgré leur surveillance attentive, c'est inévitable. Une semaine après, rebelote. Je suis bouleversée. Pourquoi est-ce mon petit garçon qui est mordu ? Tiphaine avait elle aussi été victime de violence à la maternelle. Alors, je me pose des questions sur mon éducation : est-ce à cause de moi que mes enfants ne savent pas se défendre ? D'autant que le personnel de la crèche me dit que, lorsque ce petit garçon t'agresse, tu ne pleures pas. Tu sembles impassible. Évidemment, les éducatrices ne me donneront jamais son nom. Mais un jour une jeune femme, toute gênée, s'approche de moi avec un paquet à la main. C'est la maman du petit garçon. Elle me donne un sac à dos hyper-mignon pour toi. Son geste me touche beaucoup et je m'empresse de la rassurer. Ce n'est pas à son fils que j'en veux, mais plutôt aux personnes qui sont censées le surveiller.

Vers dix-huit mois, les éducatrices me répètent que tu ne veux pas participer aux activités collectives. Une seule chose t'intéresse, écouter de la musique, et tu sembles toujours dans ta bulle. Je balaye vite fait bien fait leurs inquiétudes en leur expliquant que, dans la famille, nous sommes tous rêveurs. Et que j'ai entendu ça pour chacun de mes enfants… C'est mon troisième, je commence à m'y connaître en matière de développement psychomoteur des petits d'homme ! Ce n'est pas elles qui vont m'expliquer ce que doit savoir faire un bout de chou à l'âge de Simon. L'une bravera mon attitude hostile et osera aller plus loin en me conseillant de rencontrer la psychologue de la crèche. Proposition à laquelle je n'ai jamais donné suite. Je regrette aujourd'hui qu'elle n'ait pas insisté, mais je me mets à sa place. Comme cela doit être difficile de dire à des parents : « Je pense que votre fils a un problème. » Difficile mais nécessaire, parce que c'est une course contre la montre qui s'engage avec les enfants porteurs de troubles du spectre autistique (TSA[1]).

Comme cela doit être difficile de dire à des parents : « Je pense que votre fils a un problème. » Difficile mais nécessaire.

Je dois pourtant avouer que les observations du personnel de la crèche n'arrivent pas sur un terrain vierge. Je sens effectivement que tu stagnes un peu. Mais je ne suis pas plus inquiète que ça. C'est ton grand frère qui me préoccupe à

1. Il faut que les professionnels de la petite enfance soient formés dans ce sens, car un diagnostic précoce permet une prise en charge à un âge où certains processus de développement peuvent encore être modifiés. Les enfants qui bénéficient d'une intervention précoce peuvent s'améliorer sur le plan cognitif, émotionnel et social. Depuis dix ans, les pouvoirs publics semblent avoir compris à quel point dépister le plus tôt possible les TSA était important. C'est encore loin de s'être généralisé sur le terrain, mais les choses commencent à bouger.

l'époque. Il présente des troubles dépressifs. Dans la maison flotte une ambiance lourde d'inquiétudes, de pleurs, de cris. Pas étonnant que tu veuilles rester dans ta bulle. C'est du moins comme ça que j'interprétais alors ton attitude un peu en retrait.

Vient le moment de songer à l'école. Tu n'as pas encore deux ans et il faut déjà t'inscrire pour l'année prochaine. Pour nous, pas de doute, tu iras dans le petit établissement privé où Paul et Tiphaine ont suivi toute leur scolarité. Une école à taille humaine et à l'ambiance familiale où nous nous sentons bien. Je suis d'ailleurs membre de l'APEL[2]. Autant dire que, lorsque la directrice nous reçoit, nous sommes sûrs que ton inscription sera acceptée. Elle te pose quelques questions auxquelles tu ne réponds pas… Tu fais tes yeux en accents circonflexes, avec la petite ride du lion qui signifie : « Qu'est-ce qu'on me raconte ? » Ça n'a pas l'air de l'inquiéter plus que ça. Il faut dire que la rentrée est dans plus de neuf mois (tu as le temps de grandir) et que, né en décembre, tu seras un des plus jeunes enfants de ta classe.

> *Si la directrice de la crèche avait été plus claire, si elle nous avait alertés sur un trouble possible, peut-être l'aurions-nous entendue. Je dis bien « peut-être »…*

En mai, la directrice de la crèche demande à nous voir, Manu et moi. Ce qu'elle nous dit va nous estomaquer : elle pense qu'il vaut mieux que tu restes une année de plus à la

2. Association des parents d'élèves de l'enseignement libre.

crèche, que tu n'es pas prêt socialement à rentrer à l'école. Nous tombons des nues ! Qu'est-ce que c'est que cette histoire ? Nous lui répondons que tu as une place dans une école privée où tu apprendras à te socialiser, qu'il est hors de question de te laisser une année de plus à la crèche, qu'il est quand même étrange qu'on veuille t'y laisser une troisième année, après t'avoir fait « sauter » une section. C'est sûr, notre attitude ne laisse aucune porte ouverte à la discussion – nous n'étions pas préparés à ça –, mais la directrice n'a pas non plus insisté. Elle a juste évoqué un manque de maturité. Si elle avait été plus claire, si elle nous avait alertés sur un trouble possible, peut-être l'aurions-nous entendue. Je dis bien « peut-être »…

4

« Tu vois bien qu'il est différent »

J'traînais les pieds et des casseroles.
J'n'aimais pas beaucoup l'école.

Olivia Ruiz, *« J'traîne des pieds »*

C'est les vacances ! On part en Espagne avec nos amis les Charp, on oublie la crèche, on oublie l'école… Enfin, oublier, c'est vite dit ! Sur le papier se déroule un été de rêve : mer, piscine, dîners qui s'éternisent sur la terrasse à la lueur des bougies… Les cheveux dorés par le soleil, tu passes ton temps à danser sur Mickaël Jackson, ton idole du moment. Mais je sens en moi une inquiétude sourde que je suis incapable d'identifier. Une petite bête qui me bouffe de l'intérieur, qui grossit au fil des jours et m'empêche de profiter d'instants précieux avec ma famille et mes amis. Que m'arrive-t-il ? Marcel Rufo[3], « mon pédopsychiatre préféré »

3. Auteur, entre autres, du *Dictionnaire amoureux de l'enfance et de l'adolescence*, Plon/Anne Carrère, 2017.

comme j'aime à l'appeler, avec qui je sillonne la France depuis des années pour les Rencontres Version Femina, rappelle souvent que les mères savent avant tout le monde que leur enfant est différent. Inconsciemment. Leurs antennes repèrent toute anomalie bien avant les médecins, bien avant les psys. Encore faut-il vouloir entendre ces messages. Pour l'heure, je mets mes sautes d'humeur et mes nuits blanches sur le compte de mes inquiétudes professionnelles et de mes angoisses pour Paul, qui est maintenant sujet aux crises de somnambulisme. On l'a surpris en train d'ouvrir une fenêtre en pleine nuit et je n'ai qu'une peur, qu'il saute par la fenêtre dans son sommeil…

> « *Marcel Rufo rappelle souvent que les mères savent avant tout le monde que leur enfant est différent.* »

Pour corser le tout, il a failli se noyer. Nous nagions tranquillement tous les deux quand il a été entraîné par le courant. Je n'avais pas la force de le retenir. Je me souviens de ce sentiment d'impuissance devant son visage qui m'implorait. Je voyais mon fils en détresse et je ne pouvais pas l'aider. J'ai hurlé de toutes mes forces pour prévenir Manu et notre ami Philippe, qui se sont précipités à l'eau pour le secourir. Ai-je paniqué ou le danger était-il réel ? En tout cas, cet épisode était révélateur de l'état émotionnel dans lequel je me trouvais. Passive et inquiète. Bref, loin d'avoir passé un été zen alors que la rentrée s'annonce.

Le jour J, je fais la connaissance de l'enseignante de petite section, qui est nouvelle dans l'établissement. Une femme blonde, dynamique, très souriante, qui dégaine son arme, l'humour, pour dédramatiser les bobos des petits et décrisper les parents inquiets. Contrairement à beaucoup d'enfants, tu ne pleures pas quand je te laisse le premier jour. Tu donnes juste l'impression de te demander ce que tu fais là, affichant cette petite mine inquiète, cet air chiffonné, qui ne te quittera pas pendant les trois années que tu passeras dans cette école. Aujourd'hui encore, quand je tombe sur la photo de classe, ça me fait mal.

Un peu plus d'une semaine après la rentrée, la maîtresse demande à nous voir Manu et moi. Voilà qui ne présage rien de bon. Tu as eu plusieurs « accidents » nécessitant que l'Atsem[4] te change. Est-ce que c'est ça le problème ?

La grande salle où nous avons passé tellement de bons moments avec Tiphaine et Paul – les spectacles de Noël, les soirées Loto – me semble terriblement froide aujourd'hui. J'ai l'impression de passer devant un tribunal. Craintes justifiées vu le ton que prendra très vite la discussion. L'enseignante n'ira pas par quatre chemins, elle prendra l'autoroute directe, sans détours. Et ça sera dur à encaisser. Très dur. Je vais la haïr pendant des mois pour le mal qu'elle allait nous faire. Elle va devenir ma bête noire. À l'époque, rien que son prénom me donne des boutons. Aujourd'hui, nous sommes toujours en contact avec elle et nous savons que nous lui devons beaucoup.

« L'enseignante n'ira pas par quatre chemins, elle prendra l'autoroute directe, sans détours. Et ça sera dur à encaisser. »

4. Agent territorial spécialisé des écoles maternelles, que l'on appelle aussi plus simplement « aide-maternelle ».

Sans prendre de gants, elle nous assène donc : « Je suis très inquiète pour Simon. Il ne participe pas aux activités, est enfermé dans sa bulle, ne semble pas s'apercevoir de la présence des autres enfants, il ne réagit pas à son prénom. Soit il n'entend rien, soit il ne comprend rien… Comment ça se passe à la maison ? Et à la crèche, comment était-il ? »

Ses propos vont encore plus loin que tout ce que j'avais imaginé. Je suis sur la défensive. À la maison, pas de problème. Il adore la musique, chante, danse. À la crèche, on nous a juste dit qu'il était un peu rêveur et qu'il n'aimait pas trop participer aux activités. Mais c'est un des plus jeunes de la classe. Il est encore petit, il faut le laisser grandir. Ma tentative de minimiser la situation tombe à plat. L'enseignante n'affiche pas le sourire que j'ai l'habitude de lui voir chaque matin quand elle plaisante avec chacun des parents : « Je ne pense pas que ça soit une question de maturité. Il faudrait d'abord envisager un examen ORL et, si ça ne donne rien, entreprendre d'autres bilans. »

Nous sortons de l'école très remontés contre elle. Comment peut-elle nous dire cela après seulement dix jours d'école ? Se rend-elle compte des conséquences que de telles paroles peuvent avoir sur des parents ? À aucun moment nous ne nous sommes dit : « Ça commence à faire beaucoup de personnes qui nous alertent. » Mais non, nous avions oublié l'épisode de la crèche. Chez nous, Simon n'avait aucun problème. Il avait bien le droit de ne pas aimer l'école… Cette maîtresse ne savait pas s'y prendre avec lui, un point c'est tout. On a décidé alors de faire de la résistance passive. Pas question d'entreprendre des examens… Simon entendait très bien, son écoute attentive de la musique le prouvait. Et avec nous, il répondait parfaitement à son prénom.

Les choses se corsèrent quand ce fut au tour de la directrice de nous convoquer, au mois d'octobre : « Vous n'avez rien fait de ce que nous vous avions demandé et l'attitude de Simon ne change pas. Si vous voulez que l'on continue à l'accueillir dans notre école, il va falloir vous faire aider par des professionnels. » Plus question de faire la sourde oreille. Nous prenons rendez-vous chez un ORL : audiogramme parfait comme nous nous y attendions. Nous contactons alors le centre médico-psycho-pédagogique (CMPP) à côté de chez nous. Comme je le craignais, il y a plusieurs mois d'attente. Mais l'important, c'est que l'école sache que nous avons entrepris des démarches, histoire de normaliser nos relations.

On t'avait fait miroiter que tu écouterais de la musique. Tu parles ! Juste des petites comptines enfantines. Pas d'Olivia Ruiz, ni de Diam's, ni de Beat Assailant !

De ton côté, on sent que l'école est source d'inquiétude. Déjà, pour toi, faire pipi dans ces petites toilettes sans cloison, il n'en est pas question. Comme le dit ton pédopsychiatre : « Ça vous plairait à vous d'uriner en public ? » On t'avait fait miroiter que tu écouterais de la musique. Tu parles ! Juste des petites comptines enfantines. Pas d'Olivia Ruiz, ni de Diam's, ni de Beat Assailant ! Tu chantes « Hard Twelve » à tue-tête, mais tu as du mal à retenir la comptine des trois moutons que veut t'apprendre la maîtresse. Te priver de musique, c'est comme supprimer son portable à un ado. Impensable ! Invivable ! Ta première phrase quand tu te lèves, c'est : « J'vais écouter la chaîne. » Le matin quand tu t'en vas, tu dis : « Au revoir, la chaîne. » Bref, l'école, ce n'est pas la joie. Tu ne retrouves le sourire que le week-end. Un peu cabotin, un brin comédien, très très câlin. Dès que tu sens que je suis contrariée, tu me dis : « Maman, un p'tit canin ! » et tu te niches dans mes bras. Je t'ai inscrit à un atelier de musique au conservatoire, que tu apprécies beaucoup. Souvent, je me cache dans la cour et te regarde évoluer par la fenêtre. Je me rends compte que tu as du mal à suivre les consignes collectives, mais tu sembles t'éclater. Dès qu'une note se fait entendre, ton visage s'anime…

Combien de temps serions-nous restés dans le déni, à trouver dans ton comportement des signes positifs, à chercher toutes les raisons de nous en remettre au temps qui passe, à accuser la société, l'école, les autres, d'avoir un problème avec notre fils, à ne pas entendre les différentes alertes émises de manière plus ou moins subtiles par différents professionnels si notre amie Georgia ne nous avait pas forcés à voir la réalité en face. En pleine face.

C'était un soir de février 2010. Nous passions quelques jours de vacances chez les Charp. Philippe est le meilleur ami de Manu. Il l'a connu en Suisse dans le pensionnat où ses parents l'avaient « abandonné ». Après qu'il eut, en CM2, défendu Philippe contre une partie de la classe, ils devinrent liés à la vie à la mort. Dès lors, Manu passait une grande partie de ses week-ends et de ses vacances à Genolier, au sein de cette tribu si chaleureuse, à mille lieux de sa propre famille. Très vite, il adopta Mireya et Hervé comme ses parents de cœur, et Philippe et Marc comme ses frères. Si ses géniteurs lui avaient donné la vie, ces belles personnes lui donnèrent le goût de la vie à un moment compliqué de son existence. Que serait-il devenu s'il ne les avait pas croisés ? Mais c'est une autre histoire…

Pour l'heure, nous étions installés dans le salon de Philippe et Georgia, sa femme, sous les yeux du *Cœur d'Emma*, un tableau que j'adore, peint par la maman de Georgia et qui, avec ses tons flamboyants, m'enveloppe dès que je le regarde. C'est un peu mon tableau doudou. Dès que j'arrive chez les Charp, je me précipite – discrètement – pour vérifier s'il a toujours le même pouvoir bénéfique sur moi. Le temps passe, bonheurs et malheurs se succèdent dans ma vie et il reste à la fois impassible et consolateur. Je l'ai même pris en photo pour me faire un petit shoot du *Cœur d'Emma* quand je suis en manque.

Les enfants sont au lit et nous traînons un peu avant d'aller nous coucher. C'est l'heure où, affalés sur le canapé, on refait le monde, on se rappelle les bons souvenirs, on fait un rattrapage des derniers épisodes de la vie de la famille depuis notre dernière rencontre. Évidemment, tu t'es rapidement imposé dans la discussion. Je critiquais depuis un moment l'enseignante et le système scolaire français quand Georgia m'a rétorqué : « Mais tu vois bien que Simon a un problème, qu'il est différent. » Sa phrase m'a littéralement coupé le souffle, comme un coup de poing reçu dans le ventre. Avec Manu, nous sommes restés interdits avant d'enchaîner sur un autre sujet, puis nous sommes vite allés nous coucher, le visage fermé. Une fois tous les deux, nous avons passé un bon moment à ruminer notre colère contre Georgia. Qu'est-ce qui lui avait pris ? Est-ce que nous nous mêlions de la façon dont elle éduquait ses enfants ? J'ai passé une nuit blanche mais, au petit matin, ma décision était prise : nous avions assez lambiné, aveuglés par notre peur. Il fallait passer à la vitesse supérieure.

L'amitié, c'est savoir dire des choses difficiles, aider l'autre à regarder ce qu'il ne veut pas voir, prendre le risque de faire du mal pour faire du bien. À Georgia, je voudrais dire merci de tout mon cœur. Grâce à elle, j'ai ouvert les yeux. Grâce à elle, je suis passée de la passivité à l'action, du pourquoi au comment t'aider. Grâce à elle, j'ai compris que nier que tu avais un problème, c'était ne pas t'accepter tel que tu étais. J'ai avancé. C'était le premier pas. Premier pas d'un long chemin semé d'angoisses, de joies, de pleurs, de victoires.

« *L'amitié, c'est savoir dire des choses difficiles, aider l'autre à regarder ce qu'il ne veut pas voir, prendre le risque de faire du mal pour faire du bien.* »

5

« *Vous êtes trop anxieuse* »

Et sur ce fil, j'avance
J'suis fragile mais je tiens la distance
Des causes et des conséquences.

IGIT, *« Des conséquences »*

Avril 2010, nous avons enfin un rendez-vous au CMPP. Ça me fait tout drôle de me retrouver dans la salle d'attente que j'ai fréquentée dix ans plus tôt pour Tiphaine. La peinture tristement beige, le coin jouets avec, il me semble, la même dînette, la même sonnette stridente de la porte qui signale chaque nouvelle entrée. Les mêmes thérapeutes qui viennent tour à tour chercher les enfants tandis que les parents attendent que la séance soit terminée en feuilletant un vieux *Paris Match*. Je remarque quand même un changement : les professionnels débriefent les parents dans un bureau fermé alors que, à l'époque, ils le faisaient dans la salle d'attente ou dans le couloir. Cela se résumait à une ou deux phrases lancées rapidement, sans la moindre confidentialité. C'est ainsi que je m'étais entendue dire par la pédopsychiatre que ma fille de quatre ans se plaignait de ne pas pouvoir nous parler, à nous ses parents, parce que nous n'étions pas assez intelligents, mais heureusement, avait ajouté la chipie, elle avait ses grands-parents ! Je me vois encore debout dans le couloir en train de réprimer un fou rire devant cette femme aussi figée qu'une statue du musée Grévin. Laquelle avait rajouté tout aussi froidement, les lèvres pincées : « Mais ne vous inquiétez pas, elle dit ça parce que vous n'avez pas le temps de répondre à ses questions alors que ses grands-parents le font, eux. » Autant la première partie de cet entretien m'avait franchement fait rigoler intérieurement, autant la seconde m'avait légèrement irritée. Mine de rien, elle avait glissé une petite phrase qui appuyait sur le fait que, sans doute, je n'étais pas une maman assez disponible pour ma fille. Ce n'était pas la première ni la dernière fois de ma longue carrière de parent que j'allais entendre ce genre de sous-entendus.

Assise dans la salle d'attente, je me remémore cet épisode. Les circonstances sont différentes aujourd'hui. Contrairement à ta sœur, je suis persuadée maintenant que tu as un vrai problème. J'ai mal au ventre, la tête qui tourne. Mais ce n'est pas le moment de flancher. Tu as pris un livre que tu feuillettes. À un moment, tu me regardes et me fixes de manière intense. Je fuis tes yeux qui me paraissent trop insistants. J'ai peur que tu devines cette angoisse qui me tord les boyaux. Ce regard, je le connais par cœur maintenant, mais à l'époque je suis surprise, presque sidérée, par son intensité. Il me rappelle celui de Paul qui, les soirs où je rentrais vidée de mon travail, me prenait la tête entre ses mains et plongeait ses yeux bleus dans les miens. Comme pour me donner du courage. Comme pour me dire : « Tout va bien. »

À quelques minutes de rencontrer le premier professionnel qui me donnera son avis sur toi, je suis loin de penser que tout va bien. Mais pour rien au monde je ne voudrais que tu t'en aperçoives. Ça sera peine perdue… La psychiatre qui nous reçoit me fait raconter devant toi la raison de notre venue. Elle t'a donné une feuille et des feutres que tu boudes (tu détestes dessiner !)… Même chose avec les Playmobil. Tu préfères largement mettre son bureau à sac. Contre toute attente, elle se fait rassurante et m'assure que l'école a tort de s'inquiéter, que c'est juste un manque de maturité, qu'il ne faut pas oublier que, né en décembre, tu es un des plus jeunes de ta classe. Elle insiste beaucoup sur mon angoisse. Mais oui, mon fils reste dans sa bulle parce que je suis stressée, c'est logique. Je lui fais remarquer que je fais de la résistance depuis des mois voire des années devant l'inquiétude des éducateurs, des enseignants, que si je suis venue avec toi au CMPP, c'est parce que l'école m'y a quasiment obligé. Alors je trouve surprenant qu'on m'accuse aujourd'hui d'être angoissée. En même temps, son manque de lucidité sur la situation m'arrange un peu par rapport à l'école. Une partie de moi sait qu'elle a tort, mais une autre partie se réjouit de ce non-diagnostic. Simon fera au CMPP un bilan en psychomotricité que nous ne verrons jamais (en quoi ce type de bilan peut-il intéresser les parents, n'est-ce pas ?). À la suite de ce bilan, il verra le psychomotricien toutes les semaines et la pédopsychiatre, le docteur B., une fois par mois.

« À quelques minutes de rencontrer le premier professionnel qui me donnera son avis sur toi, je suis loin de penser que tout va bien. Mais pour rien au monde je ne voudrais que tu t'en aperçoives. »

Chaque fois, cette dernière me parlera comme à une petite fille, m'assurant que si j'avais confiance dans les capacités de mon enfant, il irait beaucoup mieux. Le psychomotricien, monsieur A., me lancera : « Le problème, c'est que vous voulez un enfant parfait ! » Non, Monsieur A., je ne veux pas un enfant parfait, je veux un enfant heureux. Dans cet endroit censé apporter un soutien au parent, je me suis sentie jugée, regardée de haut, montrée du doigt. Je ne pense pas qu'on aide les enfants en laissant entendre aux parents qu'ils ne sont pas à la hauteur. Je n'ai pas voulu aller au conflit et j'ai aussi été docile parce que leurs discours à côté de la plaque m'arrangeaient, d'une certaine façon. Si je me sens coupable de quelque chose aujourd'hui, c'est bien de cela. À l'époque, je me disais que l'école allait nous laisser un peu tranquilles. Aujourd'hui, je me dis : « Que de temps perdu ! »

6

« Il faut faire le deuil de votre enfant »

Tu verras, l'aube revient quand même.
Tu verras, le jour se lève encore.
Même si tu ne crois plus à l'aurore.
Tu verras, le jour se lève encore.

Jean-Louis Aubert, *« Le jour se lève encore »*,
paroles de Barbara

Rentrée 2010. Je suis assez confiante : tu auras comme enseignante une femme qui nous a beaucoup aidés pour Paul en repérant ses troubles dyspraxiques. Malheureusement, le changement n'aura pas d'effet. Tu restes dans ton monde, ignorant les autres enfants, ayant beaucoup de mal à participer aux activités. Je me rends compte plus particulièrement de ta « différence » dans le vestiaire où, chaque jour, je t'aide à mettre ton tablier et tes chaussons. À côté de ces garçons et filles qui racontent leur week-end, qui se font des blagues, tu dénotes. Je ne peux pas le nier. Quand l'enseignante me fera part de ses inquiétudes, je n'hésiterai pas une seconde à passer à la vitesse supérieure. Nous prenons aussitôt rendez-vous avec un psychiatre qui a sorti Paul de sa dépression, deux ans auparavant, le docteur R. Nous avions apprécié alors sa posture rassurante, son approche non-médicamenteuse. C'est naturellement vers lui que nous nous tournons. Dans son cabinet, tu sautes partout et finis par te réfugier sous le tapis : « Vous voyez, il voudrait retourner dans votre ventre. » Je ne m'attendais pas à cette psychologie de comptoir. Il faut dire que j'ai donné du grain à moudre à ce psychiatre en lui racontant que tu avais une obsession pour les panneaux indiquant les dos-d'âne. Il y a sans doute vu la représentation d'un ventre de femme enceinte ! Mais ce panneau pourrait tout aussi bien être le dessin du boa qui a avalé l'éléphant dans *Le Petit Prince*, non ? Hormis cette remarque qui aurait dû me mettre la puce à l'oreille, c'est le premier qui a pris la mesure de tes troubles. Il nous a dit qu'il était urgent de faire un bilan psychologique et nous a orientés vers une psychologue, madame V.

Tu iras à deux reprises dans ce cabinet passer des tests. Chaque fois que madame V. te ramène dans la salle d'attente, son visage fermé me donne des indices sur la teneur de ses conclusions. Le jour du bilan, ton père est là, avec moi. Les résultats sont catastrophiques. Ton langage est trop peu développé pour ce genre de test. Madame V. nous dit qu'elle a eu beaucoup de mal à entrer en relation avec toi, que tu ne la regardais jamais, qu'elle n'arrivait pas à te faire sortir de ta bulle. Elle ne prononce pas le mot « autisme », mais on comprend que c'est ce qu'elle sous-entend. Selon elle, tu ne peux continuer à être scolarisé qu'à condition d'être accompagné par un AVS[5] et de bénéficier d'un suivi psychiatrique et orthophonique. « Il faut faire le deuil de votre enfant. » Combien de parents ont entendu cette phrase, maladroite et définitive ? N'y a-t-il pas de manière plus adaptée, plus bienveillante et plus humaine d'annoncer un diagnostic d'autisme ? Il suffit de se mettre à la place de ceux qu'on a en face de soi. Les psys qui prononcent cette phrase se défendent généralement en arguant qu'ils voulaient dire que les parents devaient faire le deuil de leur enfant idéal. Mais tous les parents sont dans cette situation. Comme le dit Marcel Rufo, « on n'a jamais les enfants dont on rêve et on n'a jamais les parents qu'on mérite ». Prendre l'image du deuil, c'est-à-dire de la mort, dans ces circonstances déjà très difficiles sur le plan psychologique, est d'une violence extrême.

> *« Il faut faire le deuil de votre enfant. » Combien de parents ont entendu cette phrase, maladroite et définitive ?*

Je sors en pleurs du cabinet de madame V. Manu, cassé lui aussi, essaie de me remonter le moral. Mais les mots de la psychologue résonnent dans ma tête. Je rentre me réfugier dans mon lit, j'ai bien fait de prendre une journée de RTT… Le soir, le journal pour lequel je travaille organise une réception dans un grand hôtel pour remettre des prix à des femmes ayant créé des associations dans le domaine médical ou social. J'appelle pour dire que je ne pourrai pas venir. Je me vois mal débarquer le visage rougi et boursouflé dans une ambiance festive. Je n'ai pas

5. Auxiliaire de vie scolaire, spécialisé dans l'accompagnement scolaire d'enfants ou d'adolescents en situation de handicap.

le cœur à ça. Je m'apprête à me lamenter sur mon sort en position fœtale jusqu'à ce que le sommeil me gagne, quand une petite voix me dit : « Vas-y, ça va te faire du bien d'aller écouter des femmes formidables qui font bouger le monde. » Il faut toujours écouter les petites voix, mon Simon.

Lorsque j'arrive à la réception, je raconte à une amie journaliste ce qui vient de se passer. Elle me dit aussitôt : « Il faut que je te présente quelqu'un. » Avant que j'aie le temps de répondre, je me retrouve devant Anne Buisson, maman d'enfants porteurs d'autisme, qui a créé Sur les bancs de l'école. Cette association accompagne les familles dans ce parcours difficile en réunissant dans un même lieu psychologues, orthophonistes, psychomotriciens et art-thérapeutes, forme et supervise des AVS, propose aux parents des temps de rencontre, les aide dans leurs démarches administratives… Je commence à lui raconter tes difficultés et mon grand désarroi après mon entretien avec la psychologue. Tout de suite, je suis touchée par sa chaleur, son sourire. Elle me propose de venir à l'association consulter une psychologue spécialisée dans les troubles du spectre autistique, qui nous aidera à y voir plus clair. Cela a changé nos vies. Le jour même où mon monde s'est écroulé, j'ai eu la chance de rencontrer quelqu'un qui me proposait de commencer à le reconstruire. Merci à ma petite voix…

« Le jour même où mon monde s'est écroulé, j'ai eu la chance de rencontrer quelqu'un qui me proposait de commencer à le reconstruire. »

Heureusement qu'il y a eu ce petit rayon de soleil pour nous remonter le moral, parce qu'à l'école, c'est l'horreur. Madame V., brisant le sacro-saint secret professionnel, a envoyé le bilan à la directrice de l'établissement, sans nous demander notre avis. Les conséquences vont être terribles. Pendant toutes ces années, nous n'arriverons jamais à faire changer d'un millimètre le jugement de la directrice sur toi, après qu'elle aura lu ce compte rendu. Les mots sont marqués au fer rouge dans son cerveau. Quelle faute professionnelle de la part de cette psychologue !

Le seul point positif de ce bilan est de nous avoir fait sortir de l'attitude attentiste que prêchait le CMPP. Un nuage de fumée optimiste qui nous a fait perdre presque une année… Il avait bon dos, ton manque de maturité ! Quand on sait l'importance d'une prise en charge précoce pour pallier les difficultés des enfants atteints d'autisme et agir sur leur cerveau encore malléable… Je vais alors éprouver un sentiment d'urgence. Nous avons assez perdu de temps, il faut mettre les bouchées doubles. En premier lieu, nous demandons à la MDPH[6] que tu puisses bénéficier d'un auxiliaire de vie scolaire. Une réunion d'ESS[7] est organisée avec les enseignantes, le CMPP et l'enseignante référente[8]. Cette dernière nous explique dans les grandes lignes les démarches que nous allons devoir entreprendre.

6. Maison départementale des personnes handicapées.

7. Équipe de suivi de la scolarisation réunissant enseignants, professionnels de santé, parents et/ou l'enfant concerné par le dispositif, elle veille à la mise en œuvre du projet personnalisé de scolarisation (PPS) et peut aussi proposer des réajustements pour ce dernier.

8. L'enseignant référent s'occupe, sur un secteur géographique donné, des enfants nécessitant des aménagements de leur scolarité dans le cadre d'un PPS.

Parallèlement, je rencontre Vanessa, la psychologue qui consulte à l'association Sur les bancs de l'école. Dès que je pénètre dans la salle d'attente où se mêlent joyeusement enfants, parents et AVS, je m'y sens chez moi. Tout le monde se parle dans un sympathique brouhaha. La psychologue décide de faire un nouveau bilan avec un outil plus adapté à tes difficultés de compréhension. Devant ton attitude opposante, elle prend d'abord le temps de créer un lien avec toi, te laissant le temps d'explorer son bureau. Son bilan, extrêmement détaillé, ne gomme pas tes difficultés, qui sont réelles, mais nous fait du bien car il montre ta marge de progression possible, si tu es bien accompagné.

Aussitôt dit, aussitôt fait. On met en place une prise en charge importante : outre le psychomotricien et le psychiatre que tu continues à voir une fois par semaine, tu suis une séance d'orthophonie et de remédiation cognitive[9]. Le psychiatre trouve que c'est trop. Mais cette fois, je ne me laisse pas influencer. J'ai décidé de suivre mon intuition et mon intuition me dit de faire confiance à cette association.

9. Prise en charge qui permet d'apprendre autrement et de compenser les lacunes chez les personnes dont les fonctions cognitives sont altérées.

7

« Notre école n'est peut-être pas faite pour lui »

Sur ma route, j'ai eu des moments de doute.
J'marchais sans savoir vers où.
J'étais têtu rien à foutre.

Black M, *« Sur ma route »*,
paroles Pascal Koeu et Adama Diallo

À l'école, on vit un court répit. Une parenthèse presque enchantée et inattendue. La directrice est rassurée par la prise en charge de l'association. Elle voit qu'on a enfin pris la mesure de tes troubles. Elle accepte que Vanessa vienne t'observer en classe. Grâce à cela, la psychologue peut faire des recommandations aux enseignantes, qui se sentent épaulées. À la maison, pour éviter tes « crises », on met en place des rituels. Le matin, avant de partir à l'école, ton emploi du temps est réglé comme du papier à musique. Tu te lèves à 7 h. À 7 h 05, petit déjeuner. À 7 h 25, je t'habille. À 7 h 35, pause musicale, etc. Ces repères te rassurent. Il faut faire les choses dans l'ordre et au moment précis où elles ont été prévues. C'est la condition pour que ton début de journée se déroule bien. Mais si un grain de sable vient se glisser dans l'ordre bien établi, gare à la tempête. Même chose si on te dit non. Tes colères peuvent être terribles et parfois déroutantes. Un samedi au Jardin d'acclimatation, furieux contre ta grand-mère qui a refusé que tu montes dans le même manège que ton frère, ta sœur et ton cousin Guillaume, te jugeant trop petit, tu lâches sa main et pars en courant à toute berzingue, la semant vite fait dans les allées bondées. Les gardiens ne te retrouveront qu'à la fermeture du parc, deux heures après ta fugue. Tu jouais tranquillement dans la pataugeoire. Un autre enfant aurait pleuré, ce qui aurait permis aux adultes de repérer qu'il était tout seul. Toi, non. Tu étais dans ta bulle, hermétique à ce qui se passait autour de toi. Ta grand-mère ne s'en est toujours pas remise…

« Si un grain de sable vient se glisser dans l'ordre bien établi, gare à la tempête. Même chose si on te dit non. Tes colères peuvent être terribles et parfois déroutantes. »

Tes particularités nous réservent aussi de bonnes surprises. Un jour que je me promène dans la rue avec toi, tu me dis « Monoprix ». Je pense d'abord que tu veux aller dans ce magasin, mais en levant les yeux, j'aperçois une publicité de la marque. Je me rends à l'évidence : tu as lu, ou sans doute plus précisément reconnu, ce nom. Étonnée, j'attends que le panneau défilant nous présente une nouvelle publicité, et là tu me dis « Carrefour ». Je m'extasie : « C'est super, Simon ! Bravo ! » Cela devient vite un jeu pour toi. Sur les prospectus, dans les journaux, tu aimes nous montrer les mots que tu sais lire. Les lettres aussi te sont familières. Ton frère et ta sœur ont appris à lire avec *La Planète des alphas*, une méthode très prisée par les orthophonistes (et de plus en plus utilisée par des enseignants) pour les enfants qui présentent des blocages avec la lecture. Ce n'était pas leur cas, mais je les avais pris comme « cobayes » pour tester la méthode pour un article et j'avais été bluffée par la vitesse à laquelle ils avaient appris à lire. Devant ton appétence pour les lettres, je te la propose. Au début, je suis déçue parce que tu boudes le livre et le DVD de la méthode. En revanche, tu adores manipuler les lettres qui ressemblent à des personnages : mademoiselle U qui adore faire du cheval et qui fait « huuuuu !!! » pour avancer, monsieur A qui rigole tout le temps (« Ah ! Ah ! Ah ! ») car il porte sa canne à l'envers pour faire des blagues. Constatant que les mots ont presque autant de succès que la musique, je trouve sur ma tablette une application qui reprend le principe des dictées muettes Montessori. La grande passion de mon enfance ! J'adorais ces dictées que me proposait madame Françoise, ma maîtresse de grande section à l'école Lamazou ! Je suis toute émue de les retrouver sur mon IPad. Et le moins que l'on puisse dire, c'est que tu te prends au jeu. Tu délaisses même un peu la chaîne hi-fi, c'est dire ! Au bout de deux jours, il faut se rendre à l'évidence, alors que tu viens d'avoir 4 ans, tu sais lire. Je n'en reviens pas ! Tu n'arrives toujours pas à dessiner des bonhommes, mais tu déchiffres sans peine n'importe quel texte. Pour nous, tu es le roi du pétrole. Si tu sais lire, tu es

« Tu n'arrives toujours pas à dessiner des bonhommes, mais tu déchiffres sans peine n'importe quel texte. Pour nous, tu es le roi du pétrole. Si tu sais lire, tu es sauvé ! »

sauvé ! Tu es heureux de nous voir heureux. Enfin, les enseignants vont porter un regard positif sur toi. Tu possèdes une compétence scolaire que les autres enfants de ta classe n'ont pas. C'est tellement étrange que je ne le dis pas tout de suite à l'école. J'ai peur qu'on me traite de menteuse. Quand nous osons enfin aborder le sujet lors d'une réunion, la directrice nous rétorque que tu ne comprends pas ce que tu lis ! Au lieu de se réjouir que tu aies saisi le mécanisme de la lecture, elle insiste sur tes défaillances. Elle enchaîne en me disant qu'elle comprend très bien que, en tant que maman qui avait des déceptions avec son enfant, je me sois surinvestie pour t'apprendre à lire. J'ai beau lui expliquer que tu as appris à lire tout seul et que, très prise par mon travail, je n'ai pas le loisir de jouer à la prof à la maison, rien n'y fait.

> « ***Cette année-là, tu es vraiment un petit garçon en souffrance. Tu es malheureux à l'école, tu as constamment mal au ventre et te quitter à la grille de l'école devient de plus en plus difficile pour moi.*** »

C'est à cette période que nous rencontrons une autre belle personne, Margaux, qui nous accompagne depuis toutes ces années. C'est une jeune éducatrice que nous avons croisée à l'association : elle fait partie de l'équipe qui encadre les semaines de découverte pendant les vacances scolaires. Comme tu ne peux pas aller au centre de loisirs, nous avons trouvé cette solution qui te permet de participer à des activités avec d'autres enfants. Tu as eu un super contact avec elle et, heureux hasard, elle habite à cinquante mètres de chez nous !

Elle va devenir la clef de voûte de notre organisation. À la maison, à l'école, elle t'accompagne, te soutient. Tu as la chance d'avoir une AVS 12 heures par semaine, mais celle-ci n'est pas très investie et se contente de faire du gardiennage. Je ne lui jette pas la pierre : elle est étudiante, n'a reçu aucune formation, est mal payée. Pour elle, c'est un job comme un autre. Mais Margaux pallie cette défaillance : elle vient souvent t'observer à l'école et donner des conseils à l'enseignante.

Au printemps, les relations avec la directrice se dégradent. Elle ne cesse de critiquer les personnes auxquelles nous t'avons confié et laisse entendre que son établissement ne te convient pas : « Notre école n'est peut-être pas faite pour lui. » Surtout, elle commence à nous faire comprendre qu'elle ne veut pas te faire passer en CP. Tout le contraire de ce que préconisent les spécialistes qui te suivent. Sur la base de ta compétence en lecture, ils sont persuadés que tu seras plus heureux en CP et que ce point fort te permettra de retrouver une estime de toi dégradée. On peut vraiment dire que, cette année-là, tu es un petit garçon en souffrance. Tu es malheureux à l'école, tu as constamment mal au ventre et te quitter à la grille de l'école devient de plus en plus difficile pour moi. Moi aussi, j'ai mal au ventre de te laisser dans ces conditions. Cela ne peut plus durer. Durant toute cette période, nous nous sentons vraiment seuls, ton père et moi. Nous avons des amis dans cette école, je fais partie de l'APEL, mais on n'ose pas parler de ce que nous vivons de peur que cela envenime notre relation avec la directrice. Alors, nous nous taisons. C'est une sorte de double peine que nous nous imposons. Nous devenons presque paranos.

N'en pouvant plus de vivre avec cette épée de Damoclès au-dessus de la tête et consciente qu'évoluer dans cette ambiance conflictuelle n'est pas sain pour toi, je décide de prospecter pour trouver une autre école qui pourrait t'accueillir. Je reçois plusieurs réponses négatives de la part des établissements privés du secteur. Je prends rendez-vous avec la directrice de l'école publique dont nous dépendons. Elle ne peut pas te refuser, mais ne m'encourage pas. « C'est un gros établissement dans lequel votre fils aura sans doute du mal à trouver ses marques », souligne-t-elle. Venant d'une petite école avec une classe par niveau, tu risques effectivement d'être perdu. Nous n'avons pas le choix, il faut demander une dérogation pour que tu obtiennes une place dans un établissement hors secteur. On me conseille une école qui porte le nom d'une femme que j'admire profondément, Simone Veil – mon modèle depuis l'adolescence. J'y vois un bon présage. J'appelle la directrice, le ventre serré. Je lui parle de toi, la voix tremblante, en mettant en avant tes points forts, notamment la lecture. Je me fais ton avocate, essaye de la convaincre de te prendre. Elle me dit qu'elle serait ravie de t'accueillir, mais qu'elle n'a pas son mot à dire, que c'est une commission dont elle ne fait pas partie qui prendra la décision. Après l'avoir eue au téléphone, avoir entendu son humanité, je n'ai plus qu'un seul but, que tu sois scolarisé dans cette école. Je sens que tu y seras bien. J'en suis persuadée. Ça devient une obsession – comme souvent chez moi ! Je demande au psychiatre et à la psychologue d'écrire une lettre pour appuyer notre demande. Ensuite, il ne reste plus qu'à patienter.

En attendant, un autre combat m'attend : la réunion d'ESS qui va décider de ton passage en CP. Sont présents ta psychologue, ton orthophoniste, ton éducatrice, l'assistante sociale du CMPP, ton enseignante, la directrice de l'école et l'enseignante référente du secteur. Le tour de table est éloquent. L'équipe qui te suit explique pourquoi il faut que tu passes en CP, que cela ne sert à rien de te faire redoubler, que tes lacunes (manque de vocabulaire, problème de sociabilité…) sont liées à ton trouble. Te maintenir en maternelle n'aura qu'une conséquence : te faire douter encore plus de toi et accentuer ton anxiété. Malgré l'avis des spécialistes, la directrice campe sur sa position. Nous ressortons épuisés et persuadés que te faire quitter cette école est la seule solution.

Te maintenir en maternelle n'aura qu'une conséquence : te faire douter encore plus de toi et accentuer ton anxiété. Malgré l'avis des spécialistes, la directrice campe sur sa position.

Nous aurons une ultime réunion avec la directrice et plusieurs enseignants des niveaux supérieurs où l'on nous fera une ultime proposition : que tu fasses un mi-temps en grande section et un mi-temps en CP. Quand je consulte l'équipe qui te suit, tout le monde aura la même réaction : demander à un enfant qui souffre de difficultés d'adaptation et de sociabilité de vivre à cheval sur deux classes est la pire des options. Comment pourras-tu t'intégrer dans un groupe si tu passes sans arrêt de l'un à l'autre ? Cette option paraît tellement tordue que je soupçonne qu'elle ne nous a été proposée que pour nous inciter à prendre la poudre d'escampette. Sur le moment, j'en ai beaucoup voulu à cette directrice d'établissement, qui avait pourtant été tellement humaine avec nos deux aînés. Qu'est-il arrivé pour qu'elle se comporte ainsi avec toi ? Je pense qu'elle était sincèrement angoissée, qu'elle avait peur de ne pas savoir comment t'accompagner, te faire grandir et que tu représentes une charge trop importante pour son équipe.

Ne restait plus qu'à espérer que notre demande de dérogation aboutisse. Le 15 juin, la réponse est arrivée : c'était bon ! Je me vois encore annoncer la bonne nouvelle à ton père. Il faisait un soleil magnifique. Sur le pas de la porte, je suis tombée dans ses bras.

8

« Mais il sait vraiment lire ! »

C'était un professeur, un simple professeur,
Qui pensait que savoir était un grand trésor,
Que tous les moins que rien n'avaient pour s'en sortir
Que l'école et le droit qu'a chacun de s'instruire.

Jean-Jacques Goldman, *« Il changeait la vie »*

Rentrée au CP. Tu es tout sourire dans ton tee-shirt Miró et ton cartable Titeuf sur le dos. Comme libéré d'un poids. C'est en tout cas l'image que j'en garde et que me confirment les photos que j'ai prises de toi ce jour-là. Si tu es si léger, c'est sans doute parce que tu ressens l'espoir que nous mettons dans cette école. On repart sur de nouvelles bases. Tu as deux enseignantes dont l'une est la directrice. Son sourire te conquiert aussitôt. Autre personne clef de cette rentrée : ton AVS Élodie. Elle restera trois ans à tes côtés, investie à 200 %, travaillant main dans la main avec tes enseignantes et avec Margaux, ton éducatrice. À la fois exigeante et bienveillante. Une vraie perle.

Une semaine après la rentrée, la directrice, qui accueille les enfants à la grille de l'école, demande à me parler. Mon cœur se serre, je suis sur la défensive. Qu'est-ce qui se passe ? Cela me rappelle de mauvais souvenirs… Elle me lance, visiblement émue : « Mais Simon sait vraiment lire ! » Elle me raconte alors que, tous les jours, elle écrit au tableau un mot un peu compliqué et que, la veille, elle a entendu une petite voix qui lisait ce mot. C'était toi. Elle en a écrit plusieurs et tu les as lus, tous … Elle comprend d'autant moins pourquoi, dans ta précédente école, on ne voulait pas te faire passer en CP. Tu es le seul de la classe à savoir lire et elle va s'en servir pour te valoriser auprès des autres enfants. Tous les soirs, c'est toi qui lis les devoirs du jour. Stratégie gagnante. Quelques mois plus tard, j'accompagne ta classe au Louvre pour une sortie et un petit garçon me tire par la manche : « Tu sais, maintenant je sais presque lire aussi bien que Simon. » Tu es devenu la référence ! Quelle différence avec l'année précédente.

Ta scolarité dans cet établissement sera à l'image de cet épisode. Le regard porté sur toi sera toujours positif et c'est cela qui te fera progresser. À chaque interrogation, chaque difficulté rencontrée, madame Delizy, la directrice de l'école, me recevra immédiatement et trouvera une solution. C'est notre ange, notre bonne étoile.

Je ne vais pas mentir, tout ne sera pas toujours rose bonbon pendant ces cinq années. Tes difficultés, notamment relationnelles, restent présentes. Mais j'aurai une oreille, et surtout un cœur, toujours à l'écoute. Impossible de citer toutes les fois où madame Delizy nous a sauvé la mise. Comme cette fois où, en classe de découverte « cirque », vous deviez donner le soir même une représentation. Ton pantalon était déchiré et la directrice m'appelle pour me le dire, mais je n'ai pas le temps de repasser à la maison avant le spectacle. Panique à bord ! Qu'à cela ne tienne, elle ira t'en acheter un chez Monoprix ! Elle te confiera également un rôle dans une comédie musicale, faisant fi du fait que tu risques de paniquer sur scène. Je ne t'ai jamais vu aussi heureux ni aussi fier. Je suis consciente de la chance que nous avons eue, surtout quand j'entends les témoignages de nombre de parents d'enfants différents et aussi parce que, avant ce petit paradis, nous avons connu un long purgatoire semé d'embûches.

> *Tout ne sera pas toujours rose bonbon pendant ces cinq années. Tes difficultés, notamment relationnelles, restent présentes. Mais j'aurai une oreille, et surtout un cœur, toujours à l'écoute.*

À l'école, j'essaye d'accompagner le maximum de sorties. Cela me fait plaisir et en même temps c'est parfois difficile émotionnellement. Je me souviens notamment d'une séance de sport où les enfants devaient envoyer le ballon avec le poing. Pour toi, c'était impossible ! Et tu n'avais pas compris les règles. Au moment de la composition des équipes, tu étais le dernier « choisi ». Les enfants qui avaient hérité de toi dans leur équipe faisaient la grimace : « Pas lui… » Non seulement je voyais l'ampleur du décalage entre toi et les autres enfants, mais j'entendais les réflexions que tu faisais semblant d'ignorer. Et j'ajoutais à ton malaise par ma présence. C'était encore plus difficile pour toi de te prendre certaines phrases dans la figure quand j'en étais spectatrice.

En CP, lors d'une visite de musée, alors que les autres enfants écoutaient, captivés, la conférencière et se battaient pour répondre aux questions, tu errais entre les statues, les yeux dans le vague. Le regard de madame Delizy a croisé le mien, sans doute brouillé de larmes. Elle est venue vers moi : « Ne vous infligez pas ça, madame. Je vous assure, en classe il est complètement différent, il est plus attentif. » Elle entendait même le silence... Quelle qualité d'écoute !

Si toutes les directrices étaient à son image, l'application de la loi de 2005 sur la scolarisation des enfants handicapés ne serait plus un problème. Seule solution pour le gouvernement : cloner madame Delizy ! Au-delà de la boutade, mon expérience m'a appris que, dans un système très imparfait, où l'on manque de moyens, de volonté politique, de reconnaissance et de formation, que cela soit pour les enseignants ou les auxiliaires de vie scolaire, ce sont les qualités humaines des personnes que nous avons rencontrées qui ont fait la différence. Des *wonder women* capables de soulever les montagnes parce qu'elles ne supportent pas l'injustice, l'exclusion, le rejet de la différence. Quand j'ai remercié madame Delizy de tout qu'elle avait fait pour nous, elle m'a répondu : « C'est pour ça que j'ai choisi d'exercer mon métier. » Le jour de la dernière fête de l'école, quand toi et tous les enfants de CM2 sont allés lui dire au revoir, elle n'a pu retenir ses larmes. Tu m'as demandé : « Elle est triste ou heureuse ? ». Je t'ai répondu : « Elle est triste de vous voir partir, mais heureuse de vous avoir accompagnés jusque-là. » C'est la seule personne qui m'a fait regretter de ne pas avoir exercé ce que je considère comme le plus beau métier du monde : enseignant. Quoi de plus passionnant, de plus valorisant que de remettre un enfant sur les rails et de changer véritablement la trajectoire de sa vie ?

Pourquoi les gouvernements ne voient-ils qu'à court terme ? (J'ai la réponse : à cause des élections !) Ils préfèrent verser pendant des décennies des allocations d'adulte handicapé et prendre en charge les séjours en hôpitaux de jour plutôt qu'investir dans l'éducation pour permettre aux enfants qui ne sont pas dans la moule d'exercer un jour un métier et de vivre de façon autonome. Cette logique m'échappe. J'ai failli mettre un pied en politique l'année dernière. On m'avait servi un siège de député sur un plateau (la circonscription était imperdable et c'est ça qui m'a fait peur !). J'ai failli dire oui à cause de toi, Simon. Pour défendre ta cause et celle de tes copains (et aussi un peu, je dois l'avouer, pour venger mon père, député, qui avait été traité comme un malpropre par ses « amis » politiques). Et j'ai dit non grâce à toi, parce que ton existence aurait été bouleversée par ce changement de vie, toi qui as tellement besoin de stabilité. Ma mission de parent n'est pas terminée, et ce n'est pas maintenant que je vais te lâcher. Ce n'était le moment ni pour toi, ni pour moi. Je ferai avancer la cause des enfants différents autrement, je te le promets.

“ *Quoi de plus passionnant, de plus valorisant que de remettre un enfant sur les rails et de changer véritablement la trajectoire de sa vie ?* ”

9

« Maman, est-ce que j'ai des amis ? »

Je comprends mieux le monde
En t'observant.
Je crois que j'y vois plus clair.
Je n'ai pas trouvé la clef
du mystère,
mais je m'en suis approché.

Stefan Eicher, *« Pas d'ami (comme toi) »*,
paroles Philippe Djian

Pendant toutes tes années à l'école primaire, grâce à l'investissement de tes enseignantes, de ton AVS et de Margaux, qui te fait faire tes devoirs, tu te maintiens à flot. Pas de souci pour l'orthographe, la grammaire, le calcul mental. Tu sais appliquer les règles sans problème. En revanche, ça se complique pour la compréhension de textes, les problèmes mathématiques (tu trouves les réponses, mais tu ne peux pas expliquer comment), l'histoire, les sciences. Pour pallier ta dysgraphie, on t'autorise un ordinateur à l'école à partir du CE1. Ça te change la vie. Ces résultats relativement corrects, tu les dois aux efforts des personnes qui t'entourent à l'école, mais aussi et surtout grâce à tes propres efforts. Ton emploi du temps ressemble à celui d'un ministre. Après l'école, tu enchaînes les séances d'orthophonie, d'ergothérapie, de psychothérapie, d'art-thérapie, de groupe d'habiletés sociales, où l'on t'apprend comment entrer en relation avec les autres. J'ai conscience – et on me le fera souvent remarquer – que c'est très lourd pour un enfant de ton âge. Ai-je eu raison ou non ? Personne ne le saura jamais, mais à chaque ESS, le sujet reviendra sur la table : « Il est fatigué, il a trop de prises en charge. »

À l'époque, je lisais de nombreux articles, je passais beaucoup de temps sur Internet à la recherche d'infos, je surfais sur des forums de parents. On y disait qu'il fallait stimuler l'enfant le plus tôt possible pour pallier les défaillances des circuits neuronaux. J'étais sûre qu'avec un accompagnement intensif, tu pouvais rattraper ton retard. Avoue que la suite ne m'a pas donné tort !

> *J'étais sûre qu'avec un accompagnement intensif, tu pouvais rattraper ton retard. Avoue que la suite ne m'a pas donné tort !*

L'autre raison de ces journées bourrées à craquer, c'était que tu te repliais dans ta bulle musicale dès que tu n'étais pas occupé. Le week-end, je faisais donc tout pour que tu ne nous échappes pas. Je te rattrapais par les pieds pour ne pas que tu t'envoles, pour te ramener sur terre. Je ne vais pas mentir, c'était hyper-fatiguant. D'autant que j'aurais bien voulu moi aussi me laisser aller à ma pente naturelle, m'échapper dans ma bulle... Je m'astreignais à remplir les cases de ton agenda, même le samedi et le dimanche. Mais comment ? Dès que je sortais une boîte de Lego, que je voulais jouer avec toi aux voitures, c'était des hurlements. Sans parler des jeux de société. J'ai tout essayé ! Le seul qui échappait à ton rejet, c'était le Lynx[10]. Je culpabilisais et m'épuisais à chercher des activités à partager avec toi.

D'autant que nous devions tout relater, photos à l'appui, dans ton cahier d'activités à destination de la psychologue : il constituait une base d'échanges en séance. Ce qui nous a sauvés, c'est la découverte de Just Dance, à l'anniversaire de mariage de ma sœur ! Ce jeu vidéo dans lequel il faut reproduire des chorégraphies présentait trois avantages : il comblait ton inclinaison pour la musique, développait ta motricité et nous permettait de partager un moment avec toi. Comme toujours quand tu aimes quelque chose, tu l'as fait à fond et tu nous as vite battus à plates coutures. Résultat : tu as vite préféré te mesurer en réseau aux joueurs du monde entier plutôt qu'à ta famille. Le week-end, tu allais donc de la chaîne hi-fi à Just Dance et *vice versa*. C'était bien, mais il nous restait à trouver une solution pour te faire sortir du cocon de la maison. Je surfais sur tes deux passions pour te trouver une école de musique et une école de danse avec des professeurs vraiment chouettes ! Pour ne pas qu'elles t'apposent une étiquette qui aurait déformé la vision qu'elles auraient eu de toi, je me suis contentée de dire que tu étais un peu dans la lune. Tes professeurs n'ont jamais cherché à en savoir plus et ont agi avec beaucoup de tact. En assistant aux

10. Un jeu d'observation et de mémorisation où il faut repérer le plus vite possible, sur le plateau, des objets figurant sur les cartes distribuées.

cours[11], j'ai pu me rendre compte que tu pouvais te concentrer une heure sans problème lorsque tu étais vraiment passionné. Ces moments de loisirs te permettaient également d'évoluer dans un petit groupe de huit à dix enfants. C'était beaucoup plus facile pour toi de créer des liens que dans une classe de trente élèves. Car tes relations avec tes pairs restaient ton problème numéro 1.

« *Ces moments de loisirs te permettaient d'évoluer dans un petit groupe de huit à dix enfants. C'était beaucoup plus facile pour toi de créer des liens que dans une classe de trente élèves.* »

Pour ton anniversaire, depuis la maternelle, nous avons toujours invité des « copains ». Ce mot ne recouvrait pas pour nous sa signification habituelle : il désignait des enfants plutôt bienveillants et/ou dont nous connaissions les parents. Pour la fête de tes quatre ans, tu étais indifférent à ce qui se passait autour de toi. Ça te pesait même, tous ces intrus venus envahir ta maison. Tu me lançais des regards affolés : « Mais qu'est-ce qu'ils font là ? Déjà que je dois me les farcir à l'école ! Tu me les imposes chez moi. » À cinq ans, premier progrès : tu as assisté à ces fêtes en spectateur.

J'organisais des pêches à la ligne, des chasses au trésor… Je mettais toute mon imagination et mon énergie à trouver des activités qui fassent de tes anniversaires un moment exceptionnel, comme ceux que ma mère organisait quand j'étais petite. Nous couvrions nos invités de cadeaux (ça sert, un

11. Dans le cadre de la musique et de la danse, ma présence ne posait pas de problème, car ce sont des activités qui mettaient Simon en valeur.

papa qui travaille dans les jouets !). Tout le monde s'amusait. Tu les regardais. Tu souriais de les voir s'éclater comme des fous. Ton plaisir venait du leur. Cela n'a l'air de rien, mais pour nous c'était une révolution. Et même si tu ne participais pas, j'étais heureuse que les enfants de l'école viennent avec enthousiasme à la maison, que les fêtes de Simon figurent dans leur top 3. J'essayais de rattraper ton déficit de popularité à l'école par ces fiestas. J'essayais d'acheter le regard bienveillant de ces petits garçons et de ces petites filles en les gâtant. Illusion perdue. Mais le temps d'un après-midi, tu étais au centre des attentions. Et j'étais prête à tout pour ça…

En retour, tu as été très peu invité. J'ai gardé précieusement les petits cartons que tu rapportais fièrement de l'école : ils étaient si peu nombreux ! À la vérité, seuls les parents avec qui nous étions amis faisaient ce geste. J'allais écrire « ce gentil geste ». Dans la vie « normale », cela paraît naturel de « rendre » une invitation. Mais les parents d'enfants différents s'extasient devant la moindre attention. Un simple bout de papier peut nous faire venir les larmes aux yeux ! Sari et Olivier, Clémentine et Mathieu, Sophie et Vincent, Stéphanie… Vous avez été si peu nombreux que je peux écrire vos noms. Merci encore d'avoir invité Simon. Comment en vouloir aux autres ? Au moment où les parents demandaient aux enfants de faire la liste de leurs invités, pourquoi insister pour ajouter ce petit garçon bizarre qui, isolé dans la cour, se raconte des histoires, ne comprend pas les règles de leurs jeux, se met à les suivre tout d'un coup sans raison apparente ?

Une fois, au MacDo, nous avons croisé un petit garçon de ta classe avec son papa. Il t'a lancé en te quittant : « Je me dépêche parce que je suis invité chez Alexandre. » Je me souviens de ton regard perdu. Cet Alexandre, tu le considérais comme un copain, tu l'invitais tous les ans, il t'avait invité aussi jusque-là. J'ai bafouillé quelque chose comme : « Tu n'es plus dans la même école, c'est normal, Simon. Ça ne veut pas dire qu'il n'est plus ton copain. » Mais moi aussi, j'avais reçu un coup dans le ventre.

L'année suivante, tu avais découvert Just Dance : on a donc commencé ta fête d'anniversaire avec un tournoi et là tu les as tous scotchés. Tu as battu tout le monde, même les filles championnes de danse. Le regard des autres a commencé à changer sur toi.

Il n'empêche que à l'école, dans la cour, tu errais toujours solitaire, à te raconter des histoires. J'ai essayé de limiter ta présence à la cantine après que tu m'as confié : « J'en ai marre de tourner tout seul pendant deux heures dans la cour. » Quand un enfant était gentil, bienveillant avec toi, tu ne le quittais plus, jusqu'à ce que ta présence devienne pesante, étouffante pour lui. Tu pleurais si ce garçon s'éloignait, s'intéressait à d'autres camarades. Par deux fois, cela s'est mal terminé. Du coup, tu te recroquevillais et renonçais à toute relation. Tu n'avais pas la grammaire relationnelle pour entrer en contact avec les autres. Avec ton éducatrice, nous te faisions répéter des scénarios sociaux afin de te donner les clefs pour demander, par exemple, à participer à un jeu. À la maison, nous avions aussi une *check-list* que nous révisions avant l'arrivée de visiteurs : l'accueil (« Bonjour X, je suis content de te voir »), les

“ ***Tu n'avais pas la grammaire relationnelle pour entrer en contact avec les autres.*** ”

demandes (« À quel jeu veux-tu jouer ? »), etc. On t'apprenait à faire face à des situations compliquées pour toi. Par exemple, un enfant qui dit qu'il s'ennuie ou qu'il veut rentrer chez lui, circonstances qui te mettaient dans un état de panique.

Tout ce qui est automatique chez les normo-typiques doit être répété encore et encore pour que cela devienne naturel. C'est un long apprentissage, Simon. Et comme le dirait Titeuf, ton personnage de BD préféré, « C'est pô juste » ! Même avec les animaux, que tu adores, tu as du mal à doser tes gestes. Un chat de gouttière abandonné avait élu domicile chez nous. Très vite, Loulou fit partie intégrante de la famille. Le problème, c'est que tu le suivais comme ton ombre, voulais le prendre dans tes bras, lui couvrais la tête de ton doudou pour le déguiser en vieille mémé. Un traitement qu'il n'appréciait pas particulièrement. Il t'a griffé plusieurs fois. Au point qu'a fini par se poser la question de garder Loulou chez nous. Quand je t'ai mis le marché en mains (« Soit tu laisses le matou tranquille, soit on va lui trouver une autre famille »), tu m'as demandé de pouvoir réfléchir deux minutes avant de me déclarer très solennellement : « Je veux qu'on donne Loulou. » Ta réponse m'a glacée. Comment pouvais-tu choisir aussi facilement de te débarrasser de ton ami le chat ? Ne pas l'asticoter te paraissait donc insurmontable ? Tu as eu la même réaction avec lui que lorsque tu avais vécu une mauvaise expérience avec un enfant : tu préférais tirer un trait sur la relation. Avec ton père, nous avons finalement décidé de garder Loulou. Parce que nous y étions très attachés et parce que nous pensions qu'il pourrait t'aider à progresser dans ta relation à l'autre. Aujourd'hui, ça n'est pas encore parfait, mais tu es en progrès…

Il y a quelque temps, tu m'as demandé : « Maman, est-ce que j'ai des amis ? » J'ai été bien embêtée pour te répondre. « Je pense qu'aujourd'hui tu as des copains. Un ami, c'est autre chose. C'est quelqu'un à qui tu peux tout confier, que tu peux appeler en pleine nuit quand tu vas mal. C'est rare. Moi, j'ai mis des années et des années à avoir une véritable amie. C'était en seconde. C'est ta marraine, Isabelle. J'étais timide et craintive. Elle, solaire et généreuse. Je me suis mise dans sa roue, comme un cycliste dans une compétition. Elle m'a montré le chemin, elle m'a ouvert la route. Grâce à son rire et à son « nez qui frise », j'ai trouvé la vie plus légère. Et tu vois, trente-cinq ans plus tard, elle est toujours là. Toi aussi, tu trouveras ton Isabelle. »

10

« Tu es sûre qu'il est autiste ? »

Mais j'aime encore mieux ça.
Je préfère ça.
Oui, j'aime encore mieux ça.
Car c'est vraiment toi,
Et rien d'autre que toi

TÉLÉPHONE, *« Ça (c'est vraiment toi) »*,
paroles de Jean-Louis Aubert

Cette phrase me fait plaisir et m'agace (un petit peu !) à la fois. Elle salue tes progrès formidables. Tu es moins dans ta bulle, ton vocabulaire s'enrichit. Maintenant, nous pouvons échanger, tenir de vraies conversations. Mais à quel prix ! Des efforts insensés de ta part, une énergie et un dévouement sans faille de la part de tes thérapeutes, de tes enseignants… Que serais-tu devenu si nous n'avions pas eu les moyens de financer ta prise en charge, si nous n'avions pas eu les ressorts psychologiques pour nous opposer à certaines décisions, pour nous battre contre des pseudo-spécialistes qui pensaient savoir mieux que nous ce qui était bon pour toi ? Si nous n'avions pas eu la chance de rencontrer les bonnes personnes ? Mais derrière son aspect positif, cette phrase (« Tu es sûr qu'il est autiste ? ») peut laisser entendre qu'on a fait tout un foin de difficultés somme toute mineures, que notre éducation, jugée laxiste par certains, pourrait peut-être expliquer tes problèmes. Ou alors elle démontre qu'à part la famille proche, on oublie vite. Que le présent efface très vite le passé. Et finalement, l'on ne peut que se réjouir que, dans la tête de notre entourage, ce que tu es devenu a remplacé celui que tu étais.

Oui, tu as progressé, mais tu gardes tes particularités. Tu n'as aucun filtre. Malgré ta timidité, tu dis tout ce que tu penses. Ce qui peut nous valoir quelques déboires. À ton parrain qui venait t'apporter ton cadeau de Noël, tu as lancé en lui ouvrant la porte : « Quand est-ce que tu repars ? » Je ne compte plus les textos d'excuse envoyés après coup aux destinataires de tes remarques lapidaires. Même si mes amis me répondent systématiquement : « Ne t'inquiète pas, on comprend. » J'ai besoin de demander pardon, ne serait-ce que pour recevoir ces messages bienveillants qui me réchauffent le cœur.

> *« Tu as progressé, mais tu gardes tes particularités. Tu n'as aucun filtre. Malgré ta timidité, tu dis tout ce que tu penses. »*

Recevoir des personnes à la maison est délicat, mais aller chez des amis demande une préparation encore plus minutieuse. Je t'explique qui sera présent et ce qui est prévu, dans la mesure du possible. On prend un Astrapi, un jeu, ton doudou – que je n'utiliserai qu'en dernier recours –, mon portable chargé à bloc, avec les écouteurs pour que tu puisses écouter RTL2 au cas où… Évidemment, je ferai tout pour ne pas avoir à m'en servir. Chacune de tes sorties représente une occasion de te faire progresser, donc j'essaye d'en profiter au maximum. Mais malgré toute notre bonne volonté à l'un comme à l'autre, il arrive parfois que tout ne se passe pas comme prévu – ou plutôt comme je l'avais prévu… Au-delà de quatre à cinq personnes, tu te transformes. L'angoisse prend le dessus et, pour te protéger, tu remets ton armure et te replies sur toi.

Pour maîtriser ton anxiété et ton monde, tu as, au fil des années, mis au point une stratégie. Au bout de cinq minutes, tu dis : « Je m'ennuie ! » Affolement général. Nos hôtes se mettent en quatre pour te trouver une occupation. S'ensuit une kyrielle de propositions : un Monopoly, un DVD, un Lynx ? Peine perdue : tu n'as qu'une obsession, écouter de la musique. Certains ont l'idée judicieuse de te demander d'être le DJ de la soirée. Ça sera toujours mieux que de te renfermer un casque sur les oreilles. Mais si ce n'est pas une soirée musicale, ça se corse. Tu vas venir régulièrement me demander mon iPhone et les écouteurs. Et là je vais négocier : « Tu joues 10 minutes au ballon avec les autres et tu auras le droit d'écouter une chanson. » J'ai l'impression d'être une marchande de tapis ! Un dimanche, chez mon amie Delphine, tu as été vraiment odieux. Comme d'habitude, dans ces cas-là, je t'ai passé un savon dans la voiture : « Tu te rends compte de la façon dont tu t'es comporté. Tu t'imagines si un ami venait chez toi et disait : "Je m'ennuie" toutes les 5 minutes. » Des larmes roulaient sur tes joues. Non, tu ne te rends pas compte spontanément. Il faut qu'on te le dise pour que tu réalises l'impact de tes paroles. Et là, tu pleurais, tu voulais retourner chez Delphine pour lui demander pardon. Ce que l'on a fait. Devant tes larmes, elle s'est exclamée : « Mais pourquoi tu t'excuses, tu as été très gentil. » Tandis qu'elle te serre dans ses bras, tu me regardes. Une fois dans la voiture, tu me lances : « Tu vois, elle a dit que j'avais été très gentil. » Je te dis que c'est par politesse, pour ne pas te faire de peine. Tu me regardes, les yeux écarquillés. C'est une notion qui t'est encore étrangère : mentir pour ne pas faire de peine. « Alors, elle n'a pas dit la vérité ? »

Mais la pire des épreuves pour moi, ce sont les rallyes familiaux. Dieu sait que j'aime me réchauffer, me ressourcer auprès des miens. Depuis toute petite, mon plus grand plaisir, ce sont ces fêtes qui rassemblent chaque année toutes les générations. Moi l'affective, la sentimentale, j'aime cultiver l'esprit de famille, à l'image de mon grand-père adoré. Pourtant, depuis ta naissance, quand je dois retrouver ma tribu pendant un week-end qui rassemble entre cinquante et soixante personnes, je ressens toujours une petite appréhension. Tu n'arrives pas à participer au jeu des enfants, tu les regardes de loin. À la table des petits, tu ne restes pas plus de cinq minutes. Tu avales ton repas à la vitesse grand V pour venir me rejoindre en suçant ton pouce, ton doudou à la main. Malgré tes progrès indéniables, cette situation reste l'une des plus problématiques. Pourquoi ? Trop de bruit, trop de monde, trop de sollicitations, sûrement.

Mais pas seulement… Plus je suis impliquée émotionnellement, plus c'est compliqué pour toi. Si tu piques une crise au supermarché, rien à faire ou presque. C'est la même chose dans un club de vacances où je ne connais personne. Mais pendant ces grands rassemblements familiaux, je suis stressée. J'ai envie que tu te montres sous ton meilleur jour. J'ai envie que mes oncles et mes tantes me chuchotent à l'oreille : « Comme il a progressé depuis l'année dernière… » (Ce qu'ils font souvent !). J'ai envie de pouvoir profiter de ces moments avec mes cousins. Et comment le faire en ayant toujours un œil sur toi, en ayant peur que tu te mettes à péter les plombs au milieu de tous ces enfants tellement mignons et qui, au fil des ans, essayent de t'apprivoiser, tentent de te faire entrer dans leurs jeux. Sans succès. Alors, je cède à tes caprices, je te laisse l'iPad toute la journée, je ferme les yeux quand tu te gaves de chips et de bonbons. J'ai besoin de légèreté, de rires et, pendant quarante-huit heures, je ne suis plus vraiment ta maman, mais une grande sœur, désengagée de toute contrainte éducative. Tu le ressens et généralement tu régresses, tu fais le bébé. Évidemment, je culpabilise… Mais c'est vital pour moi de lâcher de temps en temps.

Une année, tu devais avoir six ou sept ans, mon voisin de table m'a lancé : « Il a quel âge, déjà ? » Quand je lui ai répondu, j'ai entendu un « Ah » et surtout vu son regard. Un regard qui m'a fait mal. Il n'était pas méchant, il n'était pas moqueur, il marquait juste une différence entre toi et les autres. J'ai vite essayé de l'oublier. Mais dans le trajet du retour, Manu m'en a parlé. Zut, il l'avait vu ! Et forcément, il avait été blessé. Tous les deux, nous retenions de ce week-end festif un regard sur notre fils. Ce n'était que le début, il allait falloir nous protéger, nous endurcir ! Nous étions devenus susceptibles. La moindre remarque nous faisait comprendre que la société marquerait toujours une différence.

Un enfant atypique, c'est une blessure narcissique. Un sentiment de culpabilité omniprésent. C'est difficile à avouer, mais c'est la vérité. On camoufle nos réactions émotionnelles – épidermiques – derrière un discours moralisateur (« La société doit accepter notre enfant »), mais c'est d'abord nous qui avons du mal à accepter sa différence, malgré tout notre amour. Qu'est-ce que ta différence a réveillé en nous ? Peut-être le vilain petit canard que nous pensons avoir été, les moments de rejet que nous avons vécus. La petite Fredoudou qui faisait semblant d'avoir des amis et le petit Manu qui a grandi sans l'attention de ses parents. Oui, tu réveilles tout ça, mon Simon. Ta différence amplifie les nôtres. Pourtant, personne ne nous a laissés tomber. Notre famille, nos amis ont toujours été là. C'est nous qui nous sommes parfois un peu éloignés. Pas volontairement, mais subrepticement. Parce qu'entre nous cinq, finalement, tout était plus simple. Nous avions nos habitudes, notre routine rassurante : sushis le vendredi soir, piano le samedi matin, crêpes party et The Voice le samedi soir, le poulet du dimanche midi, la salade de Manu le dimanche soir… Quand nous étions entre nous, il n'y avait ni trouble, ni handicap, ni difficultés. Donc, quelquefois, souvent, on cherchait la facilité. C'était plus reposant que de nous mettre en danger en nous exposant au regard des autres. D'autant que nos préoccupations étaient tellement différentes ! Il y avait notre monde à nous et celui des autres. Une amie, maman d'un enfant porteur d'autisme, m'a raconté une anecdote qui illustre bien notre situation à l'époque : elle entendait à longueur de dîners ses amis s'angoisser de savoir si leurs enfants allaient réussir maths sup alors qu'elle se battait pour que le sien entre en « maternelle supérieure » !

11

« Tu le fais suivre par un psychanalyste ? »

Imagine there's no countries,
It isn't hard to do,
Nothing to kill or die for,
No religion too,
Imagine all the people,
Living life in peace...

John Lennon, *« Imagine »*,
paroles de John Lennon et Yoko Ono

Le premier spécialiste qui nous a accompagnés était un psychiatre d'orientation psychanalytique. Pour tout dire, je n'avais pas fait attention à son « étiquette » quand j'avais fait appel à lui. Il était psy, il avait sorti Paul d'une dépression, c'était la seule chose qui m'importait. Quand nous nous sommes tournés vers l'association Sur les bancs de l'école, il a marqué sa désapprobation, faisant passer à la psychologue un véritable examen pour vérifier ses connaissances sur l'autisme. Vanessa avait pris avec humour cette évaluation par téléphone, mais lui ne jouait pas dans ce registre-là. Il m'avait fait les gros yeux et m'avait dit qu'il nous faudrait choisir entre lui et la prise en charge proposée par l'association. Pour lui, il ne pouvait pas y avoir deux pilotes dans l'avion. Je lui avais répondu que, dans ce cas, mon choix était fait puisque j'estimais que la remédiation cognitive entreprise par Vanessa t'était plus utile pour progresser à l'école que la séance qu'il effectuait avec toi, mais que je trouvais ça franchement dommage, car tu avais besoin des deux. Il avait rétorqué que j'étais naïve de penser que tout le monde pouvait travailler avec tout le monde.

N'empêche que, pendant six ans, tu as bénéficié de cette double prise en charge. On ne peut pas dire que le psychiatre travaillait avec le reste de l'équipe. Non, la communication, même avec moi, était réduite au strict minimum. Je me souviens d'une réunion à l'école où la directrice lui avait demandé son avis lors du tour de table. Il avait répondu : « Je ne suis pas venu pour parler de mon pote ! » Cela avait jeté un froid, mais au fond de moi, je dois l'avouer, cela m'avait plu…

C'était précisément pour cette raison que nous avions décidé, ton père et moi, de ne pas interrompre la psychothérapie que tu avais commencée avec lui. Jamais nous n'avons pensé qu'il pourrait guérir ton autisme, voire te faire progresser. Mais nous étions conscients que nous te faisions vivre une vie d'exigences bien lourde pour un petit bonhomme. Tout le monde autour de toi (psychologue, éducatrice, orthophoniste, ergothérapeute, enseignants, AVS) te demandait de progresser et tu étais dans une évaluation permanente. On te félicitait si tu avais fait une bonne séance. Tout était marqué sur un cahier de liaison (que tu pouvais lire) ou nous était transmis par mail. Même nous, malgré nous, nous étions transformés en éducateur, scrutant tes efforts, t'encourageant ou exigeant davantage de toi. Cette séance avec le psychiatre, finalement, était le seul moment où tu étais avec quelqu'un qui ne te demandait rien. Un jour où je t'avais grondé car tu sautais sur le divan du docteur R., il m'avait repris : « Ici, il a le droit de faire ce qu'il veut. » J'ai compris alors que moins je fréquenterai son cabinet, mieux je me porterai. C'était une histoire entre toi et lui. Cet espace de liberté te donnait la possibilité d'exprimer tes interrogations sur ta différence. Ce n'est pas à nous que tu parlerais de ta souffrance, car tu voulais trop nous protéger. À côté de l'accompagnement psycho-éducatif nécessaire, il nous semblait important de prendre en compte la dimension psychologique des troubles du spectre autistique. Non pas en tant que cause, mais en tant que conséquence.

C'est tout cela que j'expliquais aux personnes qui s'étonnaient que notre fils soit suivi par un psychanalyste. À l'époque, la psychanalyse commençait à être violemment critiquée pour sa mainmise sur la prise en charge de l'autisme. Les associations de parents étaient révoltées par le retard que la France avait prise dans ce domaine[12].

Certains amis me laissaient donc entendre que je trahissais la cause des enfants en faisant confiance à un psychanalyste. Derrière leur combat militant, que je respectais, il y avait une colère. Je comprenais cette colère, mais ma priorité,

12. En 2012, un rapport de la Haute Autorité de santé (HAS) remettait en cause l'approche psychanalytique de l'autisme et privilégiait la prise en charge éducative et comportementale.

c'était toi, Simon. Je ne voulais pas choisir mon camp, car je sentais instinctivement que tu avais besoin des deux. Les thérapies comportementales pour t'adapter à ce monde et une psychothérapie pour te sentir mieux dans tes baskets. Nous n'avons pas adhéré à une théorie, à une méthode miracle, nous avons bricolé une prise en charge sur mesure pour toi, en nous montrant plus attentifs au choix des personnes qui t'entouraient qu'à leurs méthodes. Nous avons parfois douté, culpabilisé, mais tu nous as prouvé depuis que nous avions eu raison.

Au-delà de mon expérience, mon regard sur les psychanalystes est aussi teinté des rencontres que j'ai pu faire dans ma carrière de parent et de journaliste. J'ai eu la chance de rencontrer sur ma route des psychanalystes brillants, empathiques, ouverts au dialogue et qui m'ont profondément marquée. Il serait dommage de tout jeter avec l'eau du bain à cause de certaines brebis galeuses. Aujourd'hui, des grandes figures de la psychanalyse font leur *mea culpa* et incitent les étudiants à ne pas faire les mêmes erreurs que les générations précédentes. Après la guerre, puisse venir le temps de la reconstruction, me souffle ma petite voix optimiste.

Mais pendant que psychanalystes et comportementalistes s'écharpaient, une troisième voix se faisait entendre de l'autre côté de l'Atlantique. Celle du professeur Laurent Mottron qui renvoyait dos à dos les deux écoles. En 1990, ce psychiatre et chercheur français a choisi de s'installer au Québec, considérant que la France suivait un mauvais chemin dans le traitement de l'autisme par la psychanalyse, ignorant les liens entre ce trouble et le fonctionnement du cerveau.

Ce sont les Charp, nos amis suisses, qui m'en ont parlé les premiers. Quand j'ai lu l'article qu'ils m'avaient conseillé, j'ai été bouleversée. J'ai dû partir faire une balade seule en forêt pour digérer la secousse qu'avaient provoquée en moi les mots du professeur Mottron. Tout d'un coup, un éminent spécialiste traduisait ce qu'intuitivement je ressentais : l'autisme était une autre intelligence. Au lieu d'essayer de faire rentrer les enfants dans un moule (il pointait là les dérives qu'il avait pu observer au Canada où la méthode ABA est obligatoire depuis 2003[13]), il conseillait de miser sur leurs forces : leur perception visuelle et auditive hors norme, leurs capacités en logique non verbale, leur faculté d'apprendre à lire deux à trois ans avant les enfants normotypiques… Plutôt que de chercher à supprimer leurs particularités autistiques, il faut au contraire repérer leurs intérêts particuliers et s'appuyer dessus pour permettre à ces enfants de développer leurs compétences. Mieux vaut aider les personnes autistes à utiliser ces avantages, et ce dès la petite enfance, en les « nourrissant » avec une éducation fondée sur leurs potentiels. Leur apprendre à imiter les autres enfants est une erreur. Selon Laurent Mottron, la bonne démarche revient à accepter leur

> ***Tout d'un coup, un éminent spécialiste traduisait ce qu'intuitivement je ressentais : l'autisme était une autre intelligence.***

13. La méthode ABA (pour *applied behavior analysis* ou analyse appliquée du comportement) vise à aider l'enfant autiste pour lui permettre de s'intégrer à la société. Elle combine analyse de son comportement et actions intensives (jusqu'à quarante heures de soins individuels par semaine) pour le conduire à développer des comportements « adaptés » et à réduire ceux dits « inadaptés ».

retard dans certains domaines, comme la socialisation, et leur avance dans d'autres. Il ne s'agit pas de les normaliser mais de les aider à s'adapter au monde et d'adapter le monde à leurs particularités. Les intérêts des enfants porteurs de troubles du spectre autistique ne doivent pas être considérés comme des « parasites » qu'il faudrait supprimer pour révéler le « vrai » enfant caché sous des « symptômes ». Dans son livre *L'autisme : une autre intelligence*[14], Laurent Mottron souligne que l'éducation d'un enfant autiste ne doit pas chercher à le rendre « moins autiste », mais à favoriser des chemins adaptés pour lui permettre d'accéder à notre monde.

> **Au lieu de faire rentrer les enfants dans un moule, Laurent Mottron conseille de miser sur leurs forces.**

Mais comment ? En regardant avant tout les enfants porteurs d'autisme comme des enfants, tout en respectant leurs particularités. Aidés par des professionnels, les parents doivent adapter leur façon d'être parent. Quant aux apprentissages, il ne faut pas chercher à développer des prérequis pour permettre à ces enfants d'apprendre, mais suivre leur développement atypique et tenir compte de leur calendrier développemental, qui n'est pas le même que celui des enfants normotypiques. Des enfants porteurs d'autisme peuvent très bien savoir lire avant de développer leur langage oral. Par ailleurs, il convient d'apprendre aux enfants normotypiques à respecter la socialisation autistique, car elle les incite à accepter la différence au lieu, comme on a tendance à le faire, d'entraîner l'enfant souffrant d'autisme à suivre les principes de la socialisation typique.

---

14. Éditions Mardaga, 2004.

Enfant, j'ai eu la chance de fréquenter une école merveilleuse où était intégrée une classe d'enfants « différents ». « Intégrer » est vraiment le mot qui convient. Je me souviens de la connivence qui existait entre nous, des jeux que nous partagions. Un jour, Martine, une élève souffrant d'un handicap mental, a été renversée par une voiture et cela m'a bouleversée. Ces cinq années passées dans cette école m'ont vraiment marquée. Si je me suis sentie toujours proche des enfants atypiques, cela me vient sans doute de ma petite enfance où j'ai côtoyé la différence, où j'ai grandi avec elle.

Je reste persuadée, comme le professeur Mottron, que l'intégration des enfants handicapés est une chance pour tous les enfants normotypiques. Intuitivement, et pourtant sans les connaître, nous avons appliqué presque tous les conseils de ce psychiatre. Nous avons misé sur tes points forts : ta précocité pour apprendre à lire, tes dons pour le calcul mental, ta culture musicale, ton sens du rythme... Nous avons respecté ta passion pour la musique, te laissant de grandes plages en tête à tête avec RTL2. Nous avons essayé d'adapter notre posture de parent sans pour autant abandonner notre fonction d'autorité, aménageant parfois nos exigences (par exemple quand nous te laissions faire des pauses pendant les repas de famille !). Nous avons sûrement fait des erreurs, comme tous les parents, mais nous n'avons jamais voulu te changer, te faire entrer dans un moule, gommer tes différences. Surtout pas. Garde ta franchise, ne t'embarrasse pas des faux-semblants, reste tel que tu es. Tu nous as fait grandir, tu feras aussi grandir le monde.

12

« Papi, c'était ton héros »

C'est dur de combattre l'absence,
Car cette conne n'en fait qu'à sa tête.
Et personne ne peut comprendre.
On a chacun sa propre histoire.

Grégoire, *« Ta main »*

Nous revenons de vacances de rêve en Toscane. Au programme, piscine, mer, visites… Et surtout vélo. Après moult difficultés, tu maîtrises enfin cet animal capricieux qui t'a fait bien des misères. Tu es très fier ! J'ai envoyé à ton grand-père, un as de la petite reine, une photo où tu poses fièrement sur ta monture rouge aux côtés de ton frère. Le 31 août, nous avons rendez-vous avec ta psychologue à l'association, pour un nouveau bilan. Je te dépose et me promène dans le quartier. Dernier jour de vacances, derniers moments de tranquillité avant de remettre un doigt de pied dans l'engrenage du quotidien et de me faire happer tout entière ! Je trouve une petite rue à l'abri du bruit près du métro Convention et j'appelle mes parents pour prendre de leurs nouvelles. À ma mère, je raconte comment ces vacances italiennes nous ont fait tellement de bien. Quand je lui demande si je peux parler à mon père, elle me prévient : « Il ne va pas très bien. Il a une sorte de grippe. » Comme à son habitude, mon père minimise : « Je suis fatigué et j'ai des courbatures. Mais ce n'est rien, j'ai pris de l'aspirine, ça va passer. » Je lui dis qu'il devrait voir un médecin. Je sens une pointe d'agacement dans sa réponse : médecin lui-même, il s'est toujours soigné tout seul.

L'après-midi, nous sommes tous les deux à la maison. Je défais ma valise avec en fond sonore l'émission de Sophie Davant. Mon père m'appelle :

— Branche-toi sur Europe 1. Il y a ton ami Marcel Rufo qui parle de la rentrée.
— Et toi, regarde France 2, il y a ton ami Gérald Kierzek à la télé.

Je l'entends sourire au téléphone. Mon père ne rate jamais une intervention du docteur Gérald Kierzek, le docteur d'Europe 1, qu'il a connu dans une autre vie et pour qui il éprouve beaucoup d'affection. Et il me chambre souvent sur mon admiration pour Marcel Rufo avec parfois, j'ai l'impression, une pointe de jalousie. Ce jour-là, j'en oublie presque qu'il est malade.

— Au fait, comment vas-tu ?
— Un petit peu mieux…

À ce moment-là, Simon, tu te trouves à côté de moi, en train d'écouter de la musique. Et comme d'habitude, tu ne perds pas une miette de ma conversation. À peine ai-je raccroché que tu me demandes qui est malade. « Ton grand-père, mais ce n'est pas grave. »

Le lendemain, branle-bas de combat. Cartable sur le dos, tu es prêt à attaquer une nouvelle année avec une nouvelle AVS. Je reste une bonne heure à l'école à prendre des nouvelles des uns et des autres. Je pars ensuite faire quelques courses avec Tiphaine et je rentre épuisée. Je reviens de vacances et c'est comme si toutes mes forces m'avaient abandonnée d'un coup. Je dis même à ma fille : « Je dois avoir le même virus que ton papi. » Bref, je vais me coucher en pleine journée ! Je suis réveillée brusquement par une angoisse : je dois absolument parler à mon père. Sur mon portable, je vois que ma sœur m'a appelée six fois. Je la rappelle : papa est à l'hôpital. Il ne peut plus marcher, on ne sait pas ce qu'il a. J'arrive à joindre mes parents ; j'ai peine à reconnaître la voix de mon père, voilée et blanche. Je veux venir, il me dit : « Non, je ne suis pas mourant. Tu dois reprendre ton travail. » Son ton presque autoritaire me rassure : « D'accord, mais je viendrai ce week-end. » Ce jour-là, Simon, tu es transparent pour moi. Depuis que tu es né, Simon, c'est la première fois que tu n'es pas au centre de mes préoccupations. Comment le vis-tu ? Tu es extrêmement calme, comme si tu voulais te faire oublier, ne pas me déranger. Je passe une partie de la nuit sur Internet à faire des recherches sur la maladie dont pourrait souffrir mon père. Le lendemain matin, Tiphaine vient me voir, bouleversée : « J'ai eu papi au téléphone. J'ai peur de lui avoir fait de la peine, parce que je

« Depuis que tu es né, Simon, c'est la première fois que tu n'es pas au centre de mes préoccupations. Comment le vis-tu ? »

ne l'ai pas reconnu. Il a vite raccroché. » Deux heures plus tard, ma sœur m'appelle, la voix étranglée : l'état de mon père s'est dégradé ; il est transféré en réanimation.

Avant d'aller te voir dans ta chambre où tu travailles avec Margaux, ton éducatrice, j'essaye de reprendre mon calme. Il ne faut pas que tu voies quelle tempête je suis en train de vivre. Je n'ai qu'une hâte, c'est de partir, de m'abstraire du champ de ton regard. « Simon, je pars à la Roche car Papi est à l'hôpital. Ne t'inquiète pas, je vais être absente sans doute plusieurs jours. Je vous appellerai ce soir. » Tu me regardes, angoissé : « Je ne veux pas que tu t'en ailles. » Je ne peux rien ajouter, sinon je risque de craquer. Je t'embrasse, ferme la porte de ta chambre, dévale l'escalier et me précipite hors de la maison pour me sentir enfin libre d'exprimer ma peur, ma peine.

Dans le train, je reçois un message : « Je t'aime beaucoup. Bon voyage et je veux t'appeler ce soir. ». Signé Simon. Je répondrai : « Moi aussi mon Simon, je t'aime beaucoup. Ne t'inquiète pas. J'ai besoin de voir mon papa, car il ne va pas très bien. Je t'embrasse fort. » Margaux m'expliquera qu'après mon départ, tu as beaucoup pleuré parce que tu avais peur que je ne revienne pas.

Mon père mourra dans la nuit. Je suis en état de sidération. Tout est allé si vite. C'est ta sœur qui t'annoncera, dans un square après ta journée d'école, que ton grand-père est mort. Tu ne diras pas un mot, tu repartiras sur le toboggan comme si de rien n'était. Mais elle t'entendra répéter en boucle : « Papi est mort, Élodie est partie. » Dans ta tête, le décès de ton grand-père et le départ d'Élodie, ton AVS des années précédentes, se télescopent. Et tu te sens abandonné.

Vous viendrez tous les quatre me rejoindre le lendemain. Tu veux assister à la messe d'enterrement de ton grand-père et venir au cimetière. Au début, je ne suis pas trop d'accord. Je n'ai pas envie que tu perturbes ce dernier moment que je vais vivre avec mon père. Il y aura beaucoup de monde, beaucoup d'émotion. Comment résisteras-tu à cette épreuve ? Toi que j'ai renoncé à emmener à la messe parce que tu ne peux pas tenir plus de dix minutes en place, quelle sera ton attitude ? Je ne supporterai pas que tu me déranges dans ce moment-là. Je te parle de mes doutes et tu me promets que tu seras très sage. Je sens que c'est important pour toi et je décide de mettre mes questionnements entre parenthèses. Pendant la cérémonie, je suis ailleurs, très loin de toi et de tous ceux que j'aime. Je me souviens de peu de choses. D'une seule à vrai dire : de mon mari secoué par des sanglots pendant que je prends la parole dans l'église, et de ses trois enfants qui le soutiennent.

Plusieurs jours plus tard, tu m'étonneras quand tu me ressortiras des phrases entières du texte que j'ai écrit et lu pour mon père. « En tout cas, ce que j'ai retenu, c'est que Papi c'était ton héros et qu'il le restait. » Encore une fois, je me dirai que, sous tes airs de professeur Tournesol, tu ne perds pas une miette de ce qui se passe autour de toi.

Ma grande préoccupation, pendant les mois qui vont suivre, c'est de te protéger du grand désarroi dans lequel cette perte me plonge. Te protéger de moi. Je n'avais pas coupé le cordon avec ce père qui, comme tu l'as bien retenu, était mon héros.

Ce cordon m'a été arraché d'un coup. J'essaye d'abord de ne pas trop t'encombrer avec ma souffrance, parce que ma plus grande crainte est que mon état émotionnel te fasse régresser. Tu as ta propre tristesse, tes propres angoisses à gérer. Pas la peine de te rajouter les miennes. Mais petit à petit tu vas me tendre des perches : « Est-ce que je peux te parler de Papi ? » Quand tu veux évoquer ton grand-père, tu commences toujours comme ça. Puis tu enchaînes : « Tu te souviens quand… » Tu nous passes en boucle les vidéos des votes de nos « dîners presque parfaits » de l'été précédent, où ton papi s'était collé contre l'écran du smartphone (ce qui te faisait beaucoup rire !) pour exprimer son verdict sur les plats préparés par ses petits-enfants.

> *Ma grande préoccupation, pendant les mois qui vont suivre, c'est de te protéger du grand désarroi dans lequel cette perte me plonge. Te protéger de moi.*

As-tu besoin d'évoquer souvent mon père ou le fais-tu parce que tu sens que ça me fait du bien ? Mystère. Mais tu es le seul dans mon entourage qui, spontanément, quotidiennement, inlassablement, sur le chemin de l'école, dans le métro ou dans la cuisine, le fait revivre à travers des anecdotes. Tous les prétextes sont bons. Alors que les autres évitent le sujet pour ne pas me faire souffrir ou que je n'ose pas l'aborder de peur de raviver la douleur de mes proches, tu es comme d'habitude sans filtre. Et ce naturel me met du baume au cœur. Dans cette société où le deuil doit se faire en cinq jours, où il est de bon ton de ne pas s'appesantir trop longtemps sur la douleur engendrée par la mort d'un être cher (ça pourrait être contagieux !), tu détones dans le bon sens du terme. Un vendredi soir, en arrivant à la gare de la Roche-sur-Yon, je regarde par la fenêtre du train. Là, tu me prends la main et tu me dis d'une voix très douce : « Tu cherches ton père… » J'en ai encore des frissons. C'est vrai, l'espace d'un instant j'ai oublié et j'ai scruté le quai, essayant de repérer la silhouette tant aimée. Comment l'as-tu deviné ? Parfois, pendant cette période de vulnérabilité, cette impression que ton cœur était branché sur le mien, que tu connaissais toutes mes pensées m'a fait peur. Je culpabilisais de prendre tant de plaisir à ces échanges avec toi. Est-ce que je n'inversais pas les rôles ? Est-ce je ne te mettais pas en position de parent consolateur ? À l'époque, ta psychologue m'avait alertée sur le fait que, lorsqu'elle te demandait de parler de tes week-ends, tu n'évoquais que tes visites au cimetière. Franchement, tu en rajoutais un peu ! Et même beaucoup. Mais derrière son avertissement, j'ai senti son inquiétude, celle que tu baignes dans une atmosphère endeuillée.

> « *Alors que les autres évitent de me parler de mon père, tu es comme d'habitude sans filtre. Et ce naturel me met du baume au cœur.* »

Mais nos craintes aux unes et aux autres se révéleraient infondées. Paradoxalement, c'est la période où tu as le plus progressé. Quand j'en ai parlé à ma tante, la pédiatre Catherine Gueguen, auteur de plusieurs livres sur les neurosciences affectives, cela ne l'a pas étonnée. Pour elle, ce choc émotionnel qu'a représenté la mort de ton grand-père t'a aidé à exprimer tes émotions, à les verbaliser. Car contrairement à ce que l'on croit souvent, les personnes porteuses d'autisme ressentent les émotions comme les normotypiques (peut-être même avec plus de force que certaines personnes considérées comme normales !). Mais elles ont du mal à les exprimer, en tout cas comme on l'entend dans notre société. En assistant à l'enterrement de ton grand-père, en écoutant et en partageant la peine des personnes qui l'avaient aimé, tu as fait une formation accélérée en verbalisation des émotions. C'est un drôle de clin d'œil du destin que de penser que le plus grand drame de ma vie a eu sa part de répercussions positives sur toi, qu'on croyait le plus fragile d'entre nous.

« *Contrairement à ce que l'on croit souvent, les personnes porteuses d'autisme ressentent les émotions comme les normotypiques. Mais elles ont du mal à les exprimer, en tout cas comme on l'entend dans notre société.* »

13

« Vous avez fait un excellent travail avec votre enfant »

Au rythme de la vie,
Je marche ma douleur.
Et je marche Charlie.
Je ris et je pleure.

M (Mathieu Chedid), *« Comme un seul homme »*

La rentrée 2015 sera compliquée. Après la mort de ton grand-père, je suis comme un vaillant petit soldat qui repart au combat les tripes à l'air. Je veux être forte pour toi, pour ton frère et ta sœur, pour ton père, pour ma mère. Le changement d'AVS que nous appréhendions (tu auras passé trois années idylliques avec Élodie) se passe finalement sans accroc. Tu adoptes tout de suite Caroline, une mère de famille souriante, dynamique, empathique. Moi aussi, d'emblée, je suis conquise. Elle me fait penser à Isabelle, ta marraine. Le soir, tu n'arrêtes pas : Caroline par ci, Caroline par là… On ne t'a jamais vu aussi bavard. Quel soulagement ! Malheureusement de courte durée. Juste avant les vacances de la Toussaint, Caroline nous annonce qu'elle démissionne. Je m'écroule en pleurs. Je comprends sa démarche : c'est une profession qui manque de reconnaissance, qui n'est pas bien payée. Elle aspire à autre chose. Je comprends, mais ça me fait mal pour toi. Ces derniers temps, tu as été bien malmené. Comment vas-tu réagir ?

Avec l'AVS suivante, tu vas rester en retrait, ne jamais t'investir affectivement. On ne t'entendra jamais prononcer son prénom. En règle générale, à partir de ce moment-là, tu vas être très détaché de l'équipe qui te suit. Certaines prises en charge vont s'arrêter, certains thérapeutes vont changer sans que cela ne t'affecte en apparence. Cela en devient même troublant ! J'en conclus que tu as retenu une leçon de cette année mouvementée : ne pas s'attacher pour ne pas souffrir. À cause de toutes ces séparations que tu as dû encaisser, tu te recroquevilles. Tu grandis, tu as envie de sortir de ta bulle, mais ce progrès engendre chez toi une souffrance : en t'intéressant à ce qui se passe autour de toi, tu réalises petit à petit que tu es différent des autres enfants de ta classe.

« Tu grandis, tu as envie de sortir de ta bulle, mais ce progrès engendre chez toi une souffrance : en t'intéressant à ce qui se passe autour de toi, tu réalises petit à petit que tu es différent des autres enfants de ta classe. »

L'année précédente, au moment du massacre de *Charlie Hebdo*, nous avions fait le choix de ne pas t'en parler. Nous avions été vigilants à ne pas écouter la télé et la radio devant toi, craignant que tu fasses l'amalgame entre les journalistes de *Charlie Hebdo* et moi. Grossière erreur. Le lendemain soir, j'ai vu que tu étais perturbé. Tu m'as lancé : « J'ai fait la minute de silence à l'école mais les autres ont dit que j'avais ri. C'est même pas vrai ! Je te promets, je n'ai pas ri ! » Tu n'avais peut-être pas ri, mais tu avais sans doute dû avoir une attitude désinvolte qui avait déclenché la réprobation de toute la classe. Et pour cause, tu ne comprenais pas pourquoi on avait fait une minute de silence pour le petit garçon de *Charlie et la chocolaterie* (c'est le film que tu regardais en boucle à cette époque !). Mais cela te peinait d'avoir été ainsi montré du doigt.

Je t'ai affirmé que tu n'avais pas à te sentir coupable. C'étaient nous les coupables : nous ne t'avions pas expliqué ce qui s'était passé. Je t'ai alors raconté ce que j'aurais dû t'exposer depuis le début : des journalistes étaient morts pour avoir défendu leurs idées. Voilà pourquoi tout le monde était triste et qu'il y avait eu une minute de silence à l'école. Tu as eu l'air de ne pas trop m'écouter, comme si ça glissait sur toi, mais quelques instants après tu t'es jeté dans mes bras en me disant : « Je ne veux pas que tu meures ! » Nous avons retenu la leçon nous aussi : si nous voulions que tu sortes de ta bulle, nous ne pouvions pas t'élever dans une bulle stérile. Nous ne pouvions pas tout aplanir devant toi, t'éviter les obstacles, les chagrins et les peurs. Le dimanche suivant, tu as participé avec nous à la marche pour Charlie. Et forts de cette expérience précédente, après le carnage du Bataclan,

> ***Si nous voulions que tu sortes de ta bulle, nous ne pouvions pas tout aplanir devant toi, t'éviter les obstacles, les chagrins et les peurs.***

nous aborderons avec toi le sujet du terrorisme. D'autant que certains de nos proches seront touchés par ce drame. Des exercices de confinement seront organisés dans l'école. Cette fois nous t'avons préparé à faire face aux informations que tu pourrais entendre au sein de l'établissement. Nous aussi, on progresse.

Il n'empêche. Tu te rends compte que tu ne réagis pas tout à fait comme les autres enfants… Un jour où j'essaye de t'expliquer que ton cerveau est différent, tu fonds en larmes et reste inconsolable pendant des heures. À l'école, tout le monde est bienveillant avec toi, mais tu te sens seul. Je suis dépassée et impuissante. Orthophoniste, psychologue, ergothérapeute, éducatrice, chacun travaille dans son coin et la coordination manque, malgré la bonne volonté de chacun. Nous n'avons plus que deux ans pour te préparer au collège et te faire « avancer » sur le plan relationnel. Si c'est difficile en primaire où les enfants sont plutôt gentils, qu'est-ce que ça sera en 6e ? L'association qui nous épaule depuis le début se trouve trop loin géographiquement. Trop loin pour faire le lien avec l'équipe pédagogique de l'école. Trop loin pour toi aussi, car cela t'impose de louper une demi-journée d'école chaque semaine et de faire deux heures de trajet. La mort dans l'âme, car nous y sommes très attachés, nous nous rendons compte que ce n'est plus tenable. Avec ton père, nous apprenons qu'un SESSAD[15] va bientôt ouvrir dans notre secteur. Une équipe pluridisciplinaire qui intervient à l'école et au domicile, cela nous paraît idéal. Aussitôt, nous nous mettons sur les rangs…

15. Service d'éducation spéciale et de soins à domicile.

Nous avons tous les trois un premier rendez-vous avec le chef de service du SESSAD et la psychologue. Nous passons une bonne heure à parler de ton histoire, de nos attentes. En sortant de l'entretien, séduits par le projet, ton père et moi espérons que tu seras admis dans cette structure. Sur le parking, tu nous demandes si tu vas être pris, si tu as été « assez bon ». Évidemment, cela nous fait fondre. Mais nous te rassurons : s'il n'y a pas de place pour toi au SESSAD, ça ne sera sûrement pas parce qu'ils ne t'ont pas trouvé assez intelligent ni assez gentil, mais parce qu'ils jugent que tu peux te débrouiller sans eux. En quelque sorte, ce serait aussi une bonne nouvelle ! J'ai beau enrober les choses, tu n'es pas dupe… Ce SESSAD, il faut absolument que tu en bénéficies : ça, tu l'as bien compris.

Trois jours plus tard, nous rencontrons le pédiatre de la structure. L'entretien démarre très bien. Chaque fois que nous racontons ce que nous avons mis en place, cette femme éminemment empathique nous félicite : « Vous avez fait un excellent travail avec votre enfant. » Cela nous réjouit, jusqu'à ce qu'elle nous dise que beaucoup d'enfants n'ont pas la chance d'avoir été épaulés comme toi. Là, notre côté parano se repointe. Nous sortons de l'immeuble persuadés que tu n'auras pas de place. Nous sommes dépités. Pourquoi nous faire venir avec toi si tu n'as aucune chance d'être admis ? Nous nous en voulons : comme tu étais avec nous, nous nous sommes montrés positifs. Nous avons tu toutes tes difficultés : tes colères, tes régressions, ton isolement à l'école et les inquiétudes que cela entraînait chez nous. Pourquoi avons-nous paniqué ? Peur que cette chance inestimable nous passe sous le nez. Peur de nous retrouver seuls de nouveau et pas toujours bien placés pour prendre les bonnes décisions. Peur de flancher après toutes ces années et la fragilité psychologique dans laquelle je me trouve en ce moment. Peur pour rien, puisque nous recevons un appel la semaine suivante : tu es pris ! Le soir, on ouvre une bouteille de Champomy !

Cette nouvelle prise en charge va nous changer la vie… Notamment à l'école. L'éducatrice y va deux fois par semaine. En classe où elle met en place des outils pour te permettre d'être plus autonome, où elle conseille l'enseignante et l'AVS, où elle fait le lien entre nous et l'école. Dans la cour, où elle t'intègre dans des jeux avec les autres enfants. La psychomotricienne, la psychologue et l'éducatrice venant de la même structure, la prise en charge est vraiment coordonnée. Une psychologue est dédiée aux familles et nous épaule dans les moments de blues. C'est vraiment l'aide que nous attendions. Tu nous sens plus serein et tu vas mieux.

Tu as vraiment envie de grandir, d'être autonome, et tu ne te prives pas de nous le rappeler.

Tu as vraiment envie de grandir, d'être autonome, et tu ne te prives pas de nous le rappeler. J'avais l'habitude chaque matin, sur le chemin de l'école, de te faire un récapitulatif de ta journée. Maintenant, tu m'arrêtes : « C'est bon maman, je sais très bien ce que je fais aujourd'hui, ce n'est pas la peine de me le répéter. » De plus, tu parles beaucoup de tes relations avec les enfants dans la cour. Chaque soir, on a le droit à un compte rendu de ta vie à l'école : tes « amoureuses », les disputes entre les uns et les autres. D'accord, tu as tendance à raconter ta vie comme un épisode de Titeuf, mais c'est quand même un gros progrès !

14

« Je suis un poisson bulle »

Je suis un petit poisson
Dans le bleu profond.
Qui viendra m'aider ?

VICTORIA, ***« Je suis un petit poisson »,***
chanson extraite du film *Gloups ! je suis un poisson.*

Rentrée 2016. Mon grand chantier de l'année, c'est de te trouver un collège. Je sais que toute l'énergie déployée jusqu'ici peut se trouver réduite à néant au moindre faux pas. L'étape du collège est capitale pour n'importe quel enfant – elle été cataclysmique pour ton frère et ta sœur aînés. Je m'attends pour toi à un séisme puissance 10. Tu n'es pas assez armé sur le plan organisationnel pour t'adapter sereinement aux changements de classe et de professeurs. Ni sur le plan scolaire où tu présentes de grosses lacunes dans des matières secondaires mais importantes comme l'histoire et les sciences. Ni non plus sur le plan relationnel pour affronter les us et coutumes de jeunes ados en construction. Car il n'y a pas plus normatif qu'un collégien. Il faut avoir les bonnes baskets, le langage adéquat, la coiffure du moment, au risque d'être classé dans les « boloss ». Et si d'aventure un « populaire » s'adresse à un enfant de la caste inférieure, il est aussitôt rétrogradé. Tout corps étranger est rejeté par le groupe. Autant dire l'enfer pour les enfants porteurs de troubles du spectre autistique. Les témoignages que j'ai pu recueillir de parents d'adolescents TSA vont tous dans le même sens : l'intégration en école primaire, c'est du gâteau par rapport au collège. Rares sont ceux qui passent cette étape. Il ne reste plus qu'à espérer… et à se retrousser les manches pour trouver les bonnes personnes, le bon endroit.

Première question : ULIS ou pas ULIS[16] ? Ces dispositifs au sein d'établissements classiques permettent aux enfants de suivre certains cours dans des classes « ordinaires » et d'autres au sein d'une classe « spécialisée », en principe avec des enfants touchés par la même pathologie. La formule a l'avantage de sécuriser le collégien qui bénéficie d'un enseignement à la carte. Sur le papier, cela paraît l'idéal. Dans les faits, tout dépend des établissements… Et des enfants ! Lors d'un forum destiné aux élèves fréquentant des ULIS-collège et des ULIS-lycée où j'intervenais dans le cadre de mon travail, j'ai rencontré des enseignants impliqués et des élèves heureux d'y être. Mais je me souviens avec émotion d'une jeune fille qui m'a interpellée au cours de cette manifestation : « Je ne sais pas pourquoi je me trouve là. Est-ce que vous pouvez appeler mes parents pour leur dire que je n'ai rien à faire dans cette ULIS ? Je ne suis pas handicapée. » J'ai parlé trois quarts d'heure avec cette adolescente qui rêvait de travailler dans une crèche et j'ai été incapable, à l'issue de cette conversation, de définir le trouble dont elle souffrait.

16. Unité localisée pour l'inclusion scolaire.

Pour elle, ses parents voulaient la protéger : elle avait été en échec en primaire et l'ULIS rassurait son père et sa mère qui, selon ses dires, avaient été très affectés.

Cette rencontre a été déterminante dans ma réflexion : je devais me mettre à ta place et ne pas prendre en compte mes propres angoisses. D'un autre côté, je ne devais pas non plus mettre la barre trop haut et te faire vivre une pression excessive. Avec ton père, nous décidons d'interroger les uns et les autres pour trouver ce qui te conviendrait le mieux. Le problème, c'est que toutes les personnes qui gravitent autour de toi ne sont pas forcément d'accord. Il y a celles qui ont peur que tu sois bousculé par le collège et celles qui pensent que tu es capable de tenir le choc si on trouve une petite structure familiale et chaleureuse. Nous prenons donc rendez-vous avec l'enseignante référente : pour elle, tu es en mesure de suivre une 6e normale avec certains aménagements. Dont acte. Je poursuis alors ma prospection entamée l'année dernière.

> *« Je devais me mettre à ta place et ne pas prendre en compte mes propres angoisses. D'un autre côté, je ne devais pas non plus mettre la barre trop haut et te faire vivre une pression excessive. »*

Le collège public dont nous dépendons est un gros établissement. Sur le site, je découvre un petit journal où professeurs et élèves se plaignent de la violence qui y règne. Je traîne quelques fins d'après-midi aux abords du collège. Ce que j'y vois ne me rassure pas. Nous décidons alors de nous tourner vers le privé. Je frappe à toutes les portes, demande aux thérapeutes, à mes amis, aux collègues, aux voisins conseils et adresses. Parallèlement, je fais des recherches sur Internet. Finalement, à l'issue de ce qui s'avère une véritable enquête, je sélectionne une dizaine de structures : des collèges privés proches de notre domicile ou de mon travail et des établissements plus spécialisés dans l'accompagnement des enfants en difficultés. Je potasse les projets d'établissement et remplis minutieusement chaque dossier, auquel je joins toujours une lettre personnalisée pour expliquer pourquoi nous avons choisi ce collège. Je sollicite la directrice de l'école de Simon et son enseignante pour appuyer cette candidature de lettres de recommandation. Et ensuite je surveille la boîte aux lettres ! Il y a ceux qui ne répondront jamais et que j'appellerai pour m'entendre dire que non, le dossier n'est pas retenu. Qui ne dit mot ne consent pas… Ceux qui m'assureront que le dossier est arrivé après la clôture des inscriptions alors que je l'ai envoyé en lettre suivie et que j'ai la preuve du contraire. Ceux qui ont envoyé une réponse type. Ceux qui prendront la peine de faire un courrier personnalisé pour expliquer que leur établissement ne peut pas t'accueillir, car ils inscrivent en priorité les frères et sœurs de leurs élèves. Même le collège où Paul a été scolarisé nous enverra une telle missive. Visiblement, même si ton frère a fréquenté les lieux, cette règle de cooptation ne te concerne pas. Au total, nous ne décrocherons que trois entretiens. L'un dans un établissement classique mais qui reçoit beaucoup d'enfants avec AVS et deux dans des établissements proposant des classes adaptées.

J'ai suivi toute ma scolarité dans l'enseignement privé. Du temps où le collège ne sélectionnait pas ses élèves sur leur parcours scolaire mais sur l'adhésion des parents au projet d'établissement. Du temps où le collège accompagnait les enfants pour qu'ils soient instruits mais aussi pour qu'ils deviennent des adultes responsables, aux qualités humaines. J'ai passé mes plus belles années dans une petite école où les religieuses s'inspiraient de la pédagogie de Maria Montessori, où les enfants handicapés vivaient au milieu des autres, où l'on ne dissertait pas sur l'Évangile mais où on le vivait chaque minute. Les enseignantes que j'ai eu la chance d'y rencontrer m'ont profondément marquée. Pour elle, chaque élève était unique et elles s'adaptaient aux particularités de chacun. Je n'ai pas retrouvé cela dans les réactions de ceux qui m'ont répondu, encore moins dans le silence des autres ! Je veux croire que cet esprit-là existe encore, que la tendance à l'élitisme n'est propre qu'à la région parisienne.

Dans ce parcours chaotique, éprouvant, usant, il y aura eu heureusement trois belles rencontres. De celles qui rachètent l'indifférence de tous les autres directeurs d'établissement. De celles qui font oublier leur manque d'empathie. Et je veux ne retenir que celles-là.

Fin novembre, un collège qui prend en charge les enfants ayant des difficultés scolaires et m'a été conseillé par de nombreuses personnes nous donne un rendez-vous. Je saute de joie. Enfin un espoir… Au bonheur succède vite l'angoisse. Ce sera peut-être notre seule chance, il ne faut pas la manquer. Une psychologue de l'association m'appelle : « Vous avez eu un rendez-vous dans cet établissement ? C'est génial. Un de mes patients y a été scolarisé. Ça a été une totale réussite. Depuis, je l'ai conseillé à plusieurs familles, mais personne n'a décroché d'entretien. » J'ai l'impression, mon Simon, que tu as été qualifié pour les J.O. Ne reste plus qu'à gagner une médaille. D'un commun accord, ton père et moi décidons de ne pas trop t'en parler. Nous te disons seulement qu'on va rencontrer tous les trois le directeur d'un collège super à Paris. Le jour J, sur le trajet, on t'explique quand même que tu vas devoir répondre à quelques questions du genre : « Quelles sont tes matières préférées ? Qu'est-ce que tu aimes dans la vie ? »

Cinq minutes dans la salle d'attente qui me semblent interminables et le directeur vient nous chercher. Il a beau être souriant, je suis dans mes petits souliers. Tout de suite, il s'adresse directement à toi. Alors que d'habitude tu remues comme un asticot sur ta chaise, tu te tiens droit comme un I. Tu as compris l'enjeu. Je suis frappée par le fait que cet homme a immédiatement trouvé le bon ton avec toi, très concret, pas bêtifiant. Tu es hyper-concentré. Pour te décrire le collège, le directeur utilise l'image de l'aquarium. Il t'explique qu'il existe plusieurs sortes de poissons. Ceux qui nagent à l'aise en surface, ceux qui sont parfois en haut, parfois en bas, et les poissons bulles, ceux qui restent au fond et ont besoin d'une bulle d'air pour remonter à la surface.

> ***« Cet homme a immédiatement trouvé le bon ton avec toi, très concret, pas bêtifiant. »***

— Quelle sorte de poisson es-tu, Simon ?
— Un poisson bulle, réponds-tu sans hésitation.
— Dans notre collège, il y a trois 6e, A et B pour des enfants ayant des difficultés simples (dyslexie, dyscalculie) avec des effectifs de vingt-cinq élèves environ, et la 6e C pour des enfants cumulant plusieurs difficultés et qui compte environ quinze élèves. Dans laquelle souhaites-tu aller ?
— Dans la classe C.

Là encore, tu as répondu du tac au tac. Ta réponse m'émeut : je me rends compte que tu es conscient de l'ampleur de tes difficultés. Le directeur nous regarde.

— Qu'en pensez-vous ?

On acquiesce.

— Je mets donc un avis favorable pour cette classe, mais j'ai encore cent vingt demandes pour soixante places, dont trente réservées en interne.

— Sur quoi va se faire la sélection ? demande-t-on.

— Je vais établir les classes avec la psychologue de l'établissement pour que l'on ait un certain équilibre. Je vous tiens au courant.

On sort du bâtiment la mine réjouie. Pour nous, tu as quasiment gagné la médaille d'or. De retour à la maison, l'enthousiasme se teinte d'une pointe d'angoisse. Je prends conscience tout d'un coup que tu as choisi la classe où il y a le moins de place. J'écris aussitôt au directeur que notre premier choix est la classe C mais que nous sommes bien entendu partants pour la classe A ou B si cela te donne plus de chances d'intégrer son collège. Lorsqu'on apprend qu'il va appeler la directrice de l'école, on y croit encore plus. C'est notre alliée, elle va nous aider à gagner le sprint final. J'en parle à tous mes proches : priez, envoyez des bonnes ondes, pensez à nous… Ne reste plus qu'à attendre : les vacances de Noël me paraîtront les plus longues depuis des années.

Un samedi matin de janvier. J'entends la porte d'entrée claquer. Ce n'est pas l'habitude de Manu, qui la ferme toujours délicatement. Qu'est-ce qui se passe ? Je sors de ma chambre, préoccupée. Je descends les escaliers à toute vitesse et je vois une enveloppe déchirée sur la table. Et à côté une lettre. « Faisant suite à notre récent entretien, nous sommes au regret de ne pas pouvoir donner une suite favorable à votre requête. Confrontés à de très nombreuses demandes, nous ne pouvons satisfaire les attentes de toutes les familles. » Je reçois un parpaing sur la tête. Le monde tourne et je hurle : « Non, non ! » J'oublie que tu es à côté de moi. Je croise ton regard inquiet. Je te lance dans un sanglot : « Tu n'iras pas dans le collège "Poisson bulle". » Je ne sais pas comment te le dire autrement. Je ne peux pas jouer la comédie. Tu sais que tous nos espoirs étaient dans cet établissement, dans ce directeur si compréhensif. J'étais sûre que tu allais être pris. J'ai tellement vu ce film dans ma tête : j'ouvre le champagne avec mes collègues pour fêter ton admission dans cet établissement. Tous les matins, sur le chemin du journal, je me le repassais en boucle. Mon court-métrage préféré. C'est fini. Tiphaine se tient entre toi et moi. Elle va de l'un à l'autre. Manu rentre, les bras chargés de pain et de journaux. Il essaye de donner le change, mais je vois un homme blessé. Lui aussi y a cru. Je me blottis dans ses bras. Il me murmure des paroles rassurantes, mais je ne les entends pas. L'heure est au chagrin. Et dire que j'ai rendez-vous avec ma mère pour aller voir une expo. Ça n'est vraiment pas le moment. Ou peut-être que si… J'y vois une échappatoire. Quitter la maison et me laisser aller à ma douleur. J'ai tant donné. J'ai tant œuvré. C'est injuste. Tristesse et colère. On doit se retrouver sur le quai à la station Place de Clichy. Dans le métro, je laisse mes larmes couler. Pas de petit bonhomme à épargner, à protéger.

J'aperçois maman, toute petite au loin, si frêle, si fragile. Je m'en veux de lui faire du mal. Je m'écroule dans ses bras. Pendant quelques secondes, je me laisse aller comme un bébé. Une rame passe. La seconde arrive, un temps d'hésitation et je décide de suivre le programme prévu. Picasso et Giacometti vont m'aider à panser mes plaies. *L'Homme qui marche* et *La Femme qui marche* me font un clin d'œil. Il ne manque plus que Renaud, « toujours vivant », et Jean-Louis Aubert, qui me rappelle que « le jour se lève encore ».

> *Quitter la maison et me laisser aller à ma douleur. J'ai tant donné. J'ai tant œuvré. C'est injuste. Tristesse et colère.*

Je rentre à la maison bien décidée à rebondir. Quelles sont les portes auxquelles je n'ai pas encore frappé ? Je décide de lancer une bouteille à la mer… En l'occurrence, l'océan s'appelle Facebook. « Je ne voulais pas envahir votre mur avec mes problèmes perso, mais on ne sait jamais… Quelqu'un de vous connaît peut-être quelqu'un qui connaît quelqu'un… Voilà, nous nous battons, Manu et moi, depuis la rentrée pour trouver un établissement privé qui puisse accueillir Simon l'année prochaine en 6e. J'ai passé mes soirées à faire des recherches, j'ai ciblé dix établissements à Paris qui me semblaient ouverts à la différence… Mes lettres de motivation (où je disais aux chefs d'établissement que Simon n'était pas forcément le collégien idéal, mais qu'ils pouvaient au moins lui donner la chance de les rencontrer) n'ont pas dû être assez convaincantes. Nous venons de recevoir le dixième refus. » Les messages ne tardent pas : j'en reçois des dizaines et des dizaines. Dieu que ça me fait du bien ! Tout le monde y croit encore. Ce n'est pas le moment d'abandonner la partie.

Premier conseil de mes amis : « Appelle le collège qui n'a pas pris Simon, ça n'est pas encore perdu. » Je ne suis pas convaincue, mais au moins ça me permettra de te donner une explication, mon Simon, de répondre à tes « Pourquoi, je n'ai pas été pris ? ».

Je décide d'envoyer un mail : « Nous avons reçu samedi votre lettre nous indiquant que vous ne pourrez pas accueillir Simon l'année prochaine. Cela a été une énorme déception. Nous avions tellement espéré, prié. Nous étions tellement sûrs d'avoir trouvé l'établissement idéal pour Simon. Au-delà de votre projet d'établissement qui correspondait exactement à ce que nous cherchions, la façon dont vous vous étiez adressé à notre fils nous avait extrêmement touchés. Notre enthousiasme était tel que nous avons oublié d'entendre que, malgré votre avis favorable, il n'était pas sûr que Simon intègre votre établissement. Nous sommes inquiets de savoir qu'il va être scolarisé dans le collège public de notre quartier où ils seront plus de trente élèves par classe, avec une équipe éducative dépassée et démobilisée. Nous avons peur de la violence qu'il pourrait y subir et que tous ses progrès des dernières années soient réduits à néant. Nous ne voulons pas, ne pouvons pas faire vivre ça à notre fils. C'est pourquoi nous voulons vous proposer qu'il redouble son CM2 pour pouvoir intégrer votre établissement à la rentrée 2018. Si vous pouviez lui réserver une place, ce serait formidable. Nous voulions encore vous remercier pour votre accueil, qui a été un rayon de soleil pour nous trois dans un parcours compliqué. »

Le directeur de l'établissement, un homme profondément bon, profondément humain, prendra la peine de m'appeler pour m'expliquer pourquoi tu ne pourras pas intégrer son collège. Il a trop d'AVS dans la classe C. Il est vraiment désolé, je sens que c'est sincère. Il pense que ce n'est pas une bonne idée de te faire redoubler. Il me promet qu'il te prendra l'année prochaine en 5e. Je raccroche, apaisée. J'ai fait tout ce que j'ai pu. Je n'ai rien à me reprocher. J'ai rencontré de la bienveillance, de l'empathie. Je sens que je vais y arriver, je reprends mon bâton de pèlerin.

15

« Monsieur le directeur, je ne veux pas aller dans votre collège »

....

Fous-moi la paix ma sale caboche.
Tu ne me feras pas sombrer.
Je t'aurai à grands coups de pioche,
Si tu ne laisses pas tomber.

Olivia Ruiz, *« Elle panique »*

Sans perdre de temps, je me concentre sur la deuxième carte que j'ai encore dans ma manche. Un entretien avec un collège qui n'accueille que des enfants en difficultés. C'est sur le site de l'APEL que j'ai trouvé ses coordonnées, au début de l'année. Personne dans mon entourage ne connaît. Il faut dire que c'est une toute petite structure : une classe par niveau, vingt enfants par classe. Sans doute beaucoup d'appelés et peu d'élus. Ce que je lis sur le site me séduit. Tout est conçu pour accueillir les élèves en difficulté. Des petits effectifs, un climat bienveillant et chaleureux, une approche pédagogique originale pour que les enfants reprennent confiance en eux, un travail renforcé dans les matières principales, une aide personnalisée, la mise en place de méthodes de travail, pas de notes au premier trimestre et pas de devoirs à la maison – ces deux caractéristiques vont bien sûr trouver un écho chez toi. Le collège idéal semble donc exister... Seule ombre au tableau : est-ce que tu as vraiment le profil ? Pour en avoir le cœur net, j'envoie un mail expliquant ton parcours et tes spécificités. Dans l'heure qui suit, j'ai une réponse. On nous fixe un rendez-vous avec la psychologue de l'établissement quelques semaines plus tard. Pas de dossier à remplir, mais un entretien qui doit se dérouler sans toi. Rien à voir avec les « recrutements » que l'on a connus jusque-là.

« *Le jour de l'entretien, nous racontons ton histoire depuis le tout début. Le fait que tu ne sois pas avec nous libère notre parole. Nous n'avons pas peur de te blesser, de te faire mal.* »

Le jour de l'entretien, nous racontons ton histoire depuis le tout début. Le fait que tu ne sois pas avec nous libère notre parole. Nous n'avons pas peur de te blesser, de te faire mal. À la fin du rendez-vous, notre interlocutrice nous apprend que cet établissement n'accueille pas d'AVS et que tu devras abandonner ton ordinateur en classe si tu intègres leur structure. Les méthodes de travail sont adaptées aux difficultés de graphisme rencontrées par certains enfants qu'ils accueillent ici. Manu et moi, nous échangeons un regard bref. Nous sommes sur la même longueur d'ondes. Tout ce qu'elle vient de nous décrire nous paraît tellement idéal que l'ordinateur et l'AVS passent au second plan. La perspective que tu sois comme les autres enfants de ta classe, sans signe distinctif, ce qui n'a jamais été le cas depuis le début de ta scolarité, nous paraît importante pour toi sur le plan psychologique. À la fin du rendez-vous, la psychologue nous informe qu'elle est prête à te prendre pour une journée d'observation. Ouf ! on a franchi une étape... Nous sortons contents mais, forts de notre précédente expérience, nous ne voulons pas nous emballer. Nous voulons nous préserver, toi et nous, d'une fausse joie.

C'est pourquoi nous te présentons cette journée d'observation au collège de manière assez décontractée : tu vas faire des exercices sous forme de jeux. Ce n'est pas grave si tu n'es pas pris, cela te fera une expérience. C'est d'autant plus facile de t'enlever toute pression que nous-même n'y croyons pas beaucoup. Dans ma tête, je suis persuadée que, depuis la rentrée, des enfants vont passer des tests tous les mercredis. Combien de candidats pour vingt places ? Je n'ai pas posé la question, mais j'imagine le pire.

Deux semaines plus tard, c'est le grand jour. Un peu en avance, je patiente avec toi dans un café. À la table d'à côté, je remarque une maman et sa fille. Je prends le pari qu'elles sont là pour la même raison que nous. Un rapide sourire me le confirme. Dans le hall d'entrée, le directeur et la psychologue nous accueillent. Il y a là une dizaine d'enfants avec leurs parents. Le matin est consacré à une évaluation psychologique, l'après-midi à des exercices de français et de maths. Le soir, tu ne me racontes pas grand-chose. Tu as trouvé le directeur super-sympa et les exercices plus faciles qu'à l'école. Et tu as joué au foot pendant la récréation. En gros, tu as été très content de ta journée. C'est déjà ça !

Sûre que cette démarche a peu de chance d'aboutir, je prépare également ta rentrée dans un établissement public. Puisque le collège dont nous dépendons risque d'être catastrophique pour toi, nous décidons de demander une dérogation pour celui où vont aller la plupart des enfants de ta classe de CM2. Au moins, tu te retrouveras avec certains camarades avec qui tu as créé des liens, notamment ton meilleur ami. Mais même ça, ce n'est pas gagné. J'apprends qu'il y a déjà beaucoup d'enfants avec AVS, donc peu de chances qu'il y ait une place pour toi. Encore une bataille à livrer.

Parallèlement, je continue mes investigations. J'envoie un mail au directeur d'un collège d'une commune limitrophe dont plusieurs personnes m'ont parlé. L'une d'elles connaît une amie qui est AVS dans cet établissement et me signale que le directeur intègre beaucoup d'enfants « différents ». Je tente le tout pour le tout : je dépose le dossier le jour même, doublé d'un mail au directeur, monsieur C., où je lui explique que, malgré une dizaine de lettres, je n'ai eu aucun entretien dans un des établissements privés de mon département. Il m'appelle aussitôt pour me donner un rendez-vous. Il n'a plus de place mais mon mail l'a touché et il veut nous rencontrer pour te mettre éventuellement sur liste d'attente. Le rendez-vous est pris pour le lendemain.

Nous arrivons en avance et apercevons à côté du collège le portrait craché de Loulou notre chat. Nous passons cinq minutes à le caresser. Moi qui aime voir des présages partout, celui-ci me semble de bon augure. Dans la salle d'attente, tu ne tiens pas en place. Je te sens perturbé. Je te questionne et tu commences tout juste à me raconter qu'un enfant t'a giflé à l'école quand le directeur vient nous chercher. J'hésite à lui exposer la situation pour pouvoir terminer ma conversation avec toi, mais je n'ose pas. C'est déjà gentil de nous recevoir aussi vite. J'aurais dû…

Je commence à m'entretenir avec le directeur, mais c'est compliqué. Tu enlèves tes chaussures, prends des stylos sans rien lui demander, t'allonges à moitié sur son bureau, m'interromps pendant que je parle au directeur pour me dire que tu ne veux pas aller à la musique l'après-midi, que tu en as marre du piano, que tu es très fatigué. J'ai du mal à me concentrer sur la conversation. Je ponctue quasiment toutes mes phrases par : « Je suis désolée, je ne sais pas ce qui se passe, il n'est jamais comme ça. » Le directeur, toujours cordial, me répond : « Ce n'est pas grave. » Tu griffonnes des mots sur une feuille que le responsable de l'établissement t'a donnée. J'aperçois le mot « directeur ». Je crains le pire. J'attrape ce qui est devenu quasiment un chiffon et le glisse vite fait dans mon sac. Ni vu ni connu. Le directeur entreprend quand même de te poser quelques questions.

— Ta grande sœur vit chez toi ?
— Pas du tout, elle n'habite pas en France.
— Tu aimes chanter ?
— Non, je déteste ça.

Toutes tes réponses seront dans le même registre. Je n'ai plus qu'une hâte : que cette torture s'achève ! Je voudrais rentrer sous terre. Je dis encore combien je suis désolée au moment de saluer le directeur. Tiphaine qui est venue te chercher arrive alors que nous descendons l'escalier. Elle me questionne. Je ne dis rien, je me dépêche de sortir du collège et là, sur le trottoir, j'explose : « Tu es content, Simon, d'avoir tout gâché ? C'était notre dernière chance de trouver un collège dans lequel tu aurais été bien. Tu as saboté tout mon travail, tous mes efforts. » Devant mon état, Tiphaine prend la sage décision de te ramener à la maison. Je vais marcher pour essayer de calmer la tempête en moi. Rien à faire. Je m'écroule en pleurs sur un banc public. Une dame vient voir si elle peut m'aider. Je la remercie et me ressaisis. Je ne dois pas me laisser aller comme ça. J'appelle ton père pour lui raconter le désastre. Il me répond : « Il reste encore un collège. » Je croyais qu'il n'y croyait pas !

Je pensais avoir du mal à travailler après cette Bérézina, mais non. Encore une fois, mon travail me sauve et j'arrive pendant quelques heures à m'enlever de la tête cette sensation de gâchis. Le soir, je ne suis pas assez calmée pour pouvoir me retrouver face à toi. En rentrant à la maison, je fais un signe discret à Tiphaine, qui est en train de manger avec toi. Je susurre un rapide « Bonsoir, je monte », tête baissée, et je file me coucher. Le matin, je trouve une lettre glissée sous ma porte : « Pardon maman, je suis désolé, je ne sais pas pourquoi j'ai fait ça. Je ne recommencerai plus. » Il y a sans doute du Tiphaine là-dessous, mais je suis touchée. Alors que je cherche mes clefs dans mon sac, je trouve le mot que tu avais griffonné dans le bureau du directeur : « Monsieur le directeur, je ne veux pas aller dans votre collège, je préfère aller dans le collège où il n'y a pas de devoirs. » Je comprends alors ce sabotage en règle. Cet aveu me fait mal. Il n'y a que vingt places, Simon, vingt places et tant d'enfants qui en ont besoin. Tu rêves, ton père rêve, mais moi je ne veux plus rêver. J'ai été trop déçue…

1er février. C'est aujourd'hui que nous devons recevoir la réponse du fameux collège sans devoirs. Au moment de composer le numéro, des petits papillons se réveillent dans mon ventre. Quand je donne le nom de Simon et que j'entends « Il est admis », je pense avoir mal compris. Je fais répéter mon interlocutrice : « Oui, nous prenons Simon », et elle éclate de rire : « Ça a l'air de vous étonner ! » « Oui, non… Enfin, je suis tellement contente. » Je raccroche et je sors de mon bureau en sautillant : « Simon est pris dans le super-collège. » La joie de celles qui ont suivi ma recherche depuis des mois me touche. Elles m'embrassent, me serrent dans leurs bras. Toutes ont leur lot de galères. Nous travaillons dans une telle proximité que nous savons tout des peines, des chagrins et des bonheurs de chacune. J'ai encore dans le cœur le cri de certaines à l'annonce d'un décès au téléphone, les hurlements de joie pour saluer un diplôme, leur voix inquiète lorsqu'un de leur enfant va mal. On travaille ensemble, mais surtout on vit ensemble, et elles m'ont tellement soutenue jour après jour que ma victoire est aussi un peu la leur.

> *Je suis une nouvelle Frédérique, avec une force incroyable. J'avais une mission – trouver les bonnes personnes pour t'accompagner – et j'ai réussi.*

Je savoure ce moment qui en rachète tellement d'autres. J'appelle Manu, qui est à l'étranger : je sens sa voie s'étrangler. Une demi-seconde et il me demande si j'ai une trace écrite. « Une trace écrite, quelle trace écrite ? » Ça me fait redescendre de mon nuage immédiatement. « Non, mais j'ai fait répéter. » Je lui dis qu'il est trop angoissé. Je raccroche et j'envoie un mail au collège sous un prétexte quelconque. On me répond immédiatement par écrit et je rassure Manu. On peut respirer…

Les jours qui suivent, je marche à vingt centimètres au-dessus du sol. C'est comme si on m'avait enlevé un poids énorme. Tout le reste glisse sur moi. Je suis une nouvelle Frédérique, avec une force incroyable. J'avais une mission – trouver les bonnes personnes pour t'accompagner – et j'ai réussi. « Quand on veut, on peut », me répétait mon père dans mon enfance. Non, Papa, la volonté ne suffit pas toujours. Mais là, tu avais raison.

Deux jours plus tard, j'entends une voix enjouée au téléphone : « Madame Préel, c'est Monsieur C. J'ai une bonne nouvelle. J'ai eu un désistement, je peux prendre Simon. » Ce directeur que tu as malmené semble tellement heureux que ça me fait mal au cœur de lui répondre que tu es pris ailleurs. « Je comprends, me répond-il. Je connais cet établissement et je pense que votre fils sera très bien là-bas. Je suis content pour vous. » Je ne peux m'empêcher de lui glisser : « Franchement, après le comportement de Simon dans votre bureau, je ne pensais pas que vous alliez me rappeler !

— Ne vous tracassez pas pour ça. Vous savez, j'en ai vu d'autres. J'ai compris que Simon était perturbé, que ce n'était pas son comportement habituel. »

Mais oui, les directeurs empathiques existent. J'en ai rencontré trois !

16

« J'ai compris que vous voulez me laisser tomber »

Il est temps à nouveau,
Oh temps à nouveau,
De nous jeter à l'eau.

Jean-Louis Aubert, *« Temps à nouveau »*

J'ai toujours eu peur qu'un diagnostic « officiel » t'enferme. Au tout début, quand j'avais demandé au pédopsychiatre qui te suivait si on ne devait pas entreprendre des investigations en milieu hospitalier, il m'avait répondu : « Qu'est-ce que cela vous apporterait ? On va l'hospitaliser plusieurs jours pour quels résultats ? Vous avez déjà mis en place une prise en charge adaptée. Cela ne vous donnera rien de plus. » J'ai mis beaucoup de temps à parler d'autisme à ton propos. Quand on me demandait de quoi tu souffrais, je parlais d'un trouble envahissant du développement. La plupart de mes interlocuteurs ne connaissaient pas cette dénomination et ce flou m'arrangeait. Paradoxalement, tu entendais parler d'autisme à longueur de temps. Notre bibliothèque était remplie de livres sur ce sujet, on l'évoquait constamment en famille, guettant les émissions ou les fictions sur ce thème, mais je n'arrivais pas à te dire que c'était ce dont tu souffrais.

Un jour, alors que tu piquais une crise sur le quai du métro parce que je ne voulais pas t'acheter un Coca, une femme s'est avancée vers nous : « Votre fils est autiste, c'est ça ? » Devant mon air surpris, elle a ajouté : « Le mien l'est aussi. » J'ai bégayé un petit oui du bout des lèvres et me suis engouffrée dans la rame avec toi. Je ravalais mes larmes en maugréant intérieurement : « Ça se voit donc tant que ça ? » J'étais furieuse contre elle. Comment avait-elle pu dire ça devant toi ? Tu voyais mon trouble. Alors je t'ai dit : « Tu as compris ce qu'elle a dit la dame ? » Bon fils, tu m'as répondu que non. J'ai même eu le culot de rajouter : « Elle a vraiment dit n'importe quoi ! »

En octobre 2016, un coup de fil de ta grand-mère va changer la donne. Elle a assisté à une conférence de notre ancienne voisine, qui se trouve être la spécialiste de l'autisme en France, le docteur Frédérique Bonnet-Brilhault. Elle l'a trouvée passionnante, humaine et accessible. Elle lui a parlé de toi. Quand je raccroche, je suis ébranlée. Je ne la connaissais pas bien, nous nous croisions plus que nous nous fréquentions, mais je me souviens d'une petite fille gaie, sociable, empathique. Le centre de Tours, dont elle est responsable, est unique en son genre car il associe, pour l'autisme et les troubles du développement, des unités diagnostiques, une unité d'explorations fonctionnelles, des unités d'intervention, un dispositif enseignement, des programmes d'accompagnement éducatif pour les parents, des formations universitaires et une équipe Inserm[17]. Sa vraie richesse réside dans l'aspect transversal de toutes ces activités menées par l'équipe du professeur Bonnet-Brilhault. Le *nec plus ultra* en France, en matière d'autisme. Je me dis que cette rencontre n'est pas un hasard. C'est peut-être le moment d'envisager ce fameux diagnostic dans un endroit où nous serons en toute confiance. Tu grandis et tu te poses de plus en plus de questions sur ta « différence ». Il est temps pour nous d'entendre la vérité et de te la dire. La situation a changé aujourd'hui. Tu as tellement progressé depuis toutes ces années que le mot « autisme » ne sonnera pas comme une fatalité, ne t'enfermera pas dans un trouble dont tu ne pourras pas sortir, ne te fera pas trop peur. Tu as prouvé que, à défaut de pouvoir guérir de l'autisme, on pouvait faire presque « comme si ». Mais pour évoluer, je sens que tu as besoin qu'on t'en dise plus sur la nature de ta différence. Tu es assez armé, nous sommes assez armés. Avec ton père, nous décidons de prendre rendez-vous pour un bilan.

« Tu grandis et tu te poses de plus en plus de questions sur ta « différence ». Il est temps pour nous d'entendre la vérité et de te la dire. »

Six mois plus tard, nous y voilà presque. Nous avons rendez-vous au CHRU de Tours le lendemain. Je rentre du travail fatiguée, physiquement et nerveusement. Avec Manu, on se dispute pour une broutille : l'heure du départ demain. J'ai peur d'arriver en retard et je ne veux pas ajouter le stress au stress. Je passe une partie de la nuit à pleurer sur mon canapé. À la fin, je ne sais même plus pourquoi. J'appelle mon

17. Institut national de la santé et de la recherche médicale.

père. Il me manque. Je hurle : « Papa, aide-moi ! » Je suis plus bouleversée par ce rendez-vous que je ne le pensais. Je sais que tu souffres de troubles autistiques. Qu'ai-je peur de découvrir ? Mon projet de livre, ce rendez-vous, c'est ouvrir une brèche. Une seconde étape. Ai-je raison ? Ai-je tort ? Tu as dix ans. Tu as le droit qu'on te dise la vérité. Mais au fond de moi, j'ai peur que cette vérité ne t'écrase. J'ai peur de faire le mauvais choix.

Le matin, mes tourments sont apaisés. Tu as l'air content ; c'est comme si on partait en vacances tous les trois avec, dans la voiture, entre le père et le fils, la traditionnelle négociation RTL2-Nostalgie. Pour une fois, Manu cède. On écoutera la radio pop-rock pendant presque tout le trajet ! As-tu remarqué que ton père n'avait pas le cœur à batailler ? Vers quoi t'emmenons-nous ? Nous sommes tous les deux dans la même interrogation…

À l'hôpital, nos derniers doutes s'effacent devant le sourire de Céline, l'infirmière. Tu tombes tout de suite sous le charme. Elle t'embarque pour un programme assez léger ce premier jour : bilan orthophonique, goûter, basket. Pendant ce temps, Manu et moi sommes passés à la question pendant trois heures par une jeune interne. On remonte le temps. À quel âge a-t-il marché ? Son premier mot ? Dix années à retracer. J'aurais dû réviser. Je me maudis. Si nous étions venus plus tôt, quand tu avais trois ans, cela aurait été plus facile. Nous nous concentrons, nous plongeons dans nos souvenirs. Chacun cherche l'acquiescement de l'autre, l'interroge d'un regard. L'interne nous encourage d'un sourire : « Ce n'est pas grave si vous ne nous souvenez pas. » Trois heures d'interrogatoire dont nous ressortons vidés. On te récupère, tu es enchanté par ton après-midi. Tous les trois, nous filons à l'hôtel. J'avais prévu de faire les devoirs. Même pas en rêve… Tu tombes de fatigue et nous aussi. En arrivant dans la chambre, je te montre du doigt la télé. Tu suis mon doigt. J'ai affirmé à l'interne que tu ne suivais pas mon doigt quand je pointais un objet. Quelles bêtises ai-je encore racontées ? Je passe une nuit agitée. Tout me revient par vague : « J'ai dit qu'il avait marché à quinze mois mais en fait, c'était à quatorze. »

Le lendemain, retour à l'hôpital. « Elle est où, Céline ? » À la dame qui se présente à toi, tu n'accordes pas un regard : « Ne t'inquiète pas, elle va arriver. » Quand Céline entre dans la pièce, tu affiches une banane que je t'ai rarement vue. Pas de doute, le courant est passé… Elle t'annonce le programme. Aujourd'hui, c'est à toi de travailler : tu vas enchaîner les bilans (psychomoteur, psychologique, échelle d'évaluation) pendant que nous allons patienter à la cafétéria. Je réponds à quelques mails, j'ai du mal à me concentrer. Un coup d'œil à Manu : il s'est installé un véritable bureau miniature sur la table de la cafétéria. J'observe tous ces gens autour de moi. J'imagine que beaucoup vivent un moment où leur existence peut basculer : attente d'un diagnostic, accompagnement d'un malade, traitement… La dernière fois que j'ai mis les pieds dans un hôpital, c'était pour dire au revoir à mon père. Est-ce pour ça que je me sens si oppressée, malgré l'accueil chaleureux de toute l'équipe ? Une femme d'une soixantaine d'années m'adresse la parole. Je réponds d'abord du bout des lèvres. Elle m'explique qu'elle est venue accompagner son mari en fin de vie. Son sourire triste me fait sortir de ma bulle. Elle a besoin de parler. Ça tombe bien, je me rends compte que finalement moi aussi… Son fils vient interrompre notre conversation. Il est temps que je te récupère entre deux rendez-vous pour déjeuner. On s'installe à la cafétéria. Tu ne tiens pas en place. Tu as toujours du mal à rester plus de cinq minutes à table, mais là tu ne t'assois même pas trente secondes et tu manges debout. Devant ton état d'agitation, je me dis que c'est peut-être le moment de te parler. Ce que nous n'arrivons pas à faire depuis des années.

— Simon tu sais, pourquoi nous sommes là ?

— Oui, j'ai compris que vous voulez me laisser tomber

— Pourquoi tu dis ça ? Si nous sommes là, c'est pour t'aider. On ne te laisse pas tomber, bien au contraire.

— Si, vous voulez me changer. Et moi, je ne veux pas changer.

— Mais non, on ne veut pas te changer. On t'aime comme tu es. Si on habitait sur une île déserte, il n'y aurait aucun problème, mais on vit dans une société avec des règles, et toi tu as du mal à t'adapter à la société, à l'école.

— Pas du tout, je n'ai aucun problème à l'école, je suis premier de la classe.

— Tu sais que ce n'est pas vrai, Simon. Tu as une AVS, un ordinateur parce que tu as des difficultés à l'école. Ce n'est pas de ta faute, tu travailles beaucoup, tu es très courageux. Nous sommes très fiers de toi.

— N'importe nawak ! Il y a des milliers d'enfants qui ont des AVS.

— Oui, c'est vrai, il y a des milliers d'enfants qui ont des difficultés comme toi. Et si on est ici, c'est pour savoir comment on peut t'aider mieux. Là, tu vas voir le professeur Bonnet-Brilhault et ensuite, ton papa et moi on ira à une réunion où toutes les personnes que tu as vues vont nous expliquer ce que l'on peut mettre en place pour t'épauler.

— Je veux être à cette réunion, je veux entendre ce que vous dites. J'irai écouter derrière la porte. Je vous dis tout de suite de quoi vous pouvez parler : vous pouvez dire quand je suis gentil, mais pas quand je suis méchant. Ce qui m'embête, c'est qu'on raconte ma vie à des gens que je ne connais pas. Toi maman, depuis cet été, je te trouve beaucoup trop bavarde !

La conversation en restera là… Nous devons retourner au service de pédopsychiatrie. Tu vas rencontrer le professeur Bonnet-Brilhault, puis nous aurons la réunion de synthèse. « J'ai compris que vous voulez me laisser tomber. » Qu'as-tu voulu dire ? As-tu peur qu'on te laisse ici ? Est-ce que, pour toi, le fait qu'on cherche à savoir ce sont tu souffres véritablement, c'est en partie te rejeter ? Dans la salle d'attente, j'ai les yeux rivés sur la pendule. Un quart d'heure, une demi-heure, trois quarts d'heure de retard… Je commence à m'angoisser. Pourquoi cela dure-t-il aussi longtemps ? Y a-t-il un problème ?

Enfin, on vient nous chercher. Je scrute les visages des six personnes qui se trouvent dans la pièce et je vois des traits un peu tendus. Le professeur Bonnet-Brilhault confirme : « Désolés d'avoir été si longs, mais ça n'a pas été facile, car nous avions des résultats contradictoires. Simon est un petit garçon très angoissé, et quand il se trouve en position de tests, cela joue sur ses performances. Quand je lui ai fait refaire certaines choses sous forme ludique, il y arrivait parfaitement. Mais qu'est-ce que je me suis pris comme coups

« Vous pouvez dire quand je suis gentil, mais pas quand je suis méchant. Ce qui m'embête, c'est qu'on raconte ma vie à des gens que je ne connais pas. »

de pied sous la table ! C'est de ça dont nous voulions aussi vous parler. En fait, outre un léger autisme, nous avons décelé chez Simon des troubles dyspraxiques et un TDAH[18]. Attention, ça ne veut pas dire que ces trois pathologies s'additionnent, mais que son trouble possède certaines caractéristiques de chacune. » Je me concentre pour retenir chacun de ses mots. Je risque une question : « Vous en rencontrez souvent, des enfants avec le profil de Simon ? » « Oui, bien sûr. On trouvait justement que Simon ressemblait beaucoup à un garçon qu'on suit ici. Nous pensons qu'avec le profil de Simon, il serait peut-être utile de tester la Ritaline®. »

Pendant tout l'entretien, je me raccroche à cet espoir, un médicament pourrait peut-être t'aider. Le tour de table commence : orthophoniste, psychomotricienne, infirmière psychiatrique... J'essaye d'imprimer chacune de leurs paroles. Je ressors épuisée. Le professeur Bonnet-Brilhault nous raccompagne. Elle me serre dans ses bras. Je ressens sa chaleur. Elle me demande de la tutoyer. Quelle émotion de se retrouver des décennies plus tard dans ces circonstances !

Dans la voiture, sur le chemin du retour, je suis sonnée. Incapable de parler, j'essaye de donner le change, mais le cœur n'y est pas. Je vois que Manu ne comprend pas. Comment lui dire qu'au fond de moi, j'espérais un petit miracle. « Non, votre fils ne souffre pas d'autisme ! ». Oui, je l'avoue, une petite partie de moi a rêvé d'entendre cette phrase. Le téléphone n'arrête pas de vibrer, je n'ai pas le courage de répondre à ma mère.

---

18. Trouble de déficit de l'attention.

Ce matin, sur le chemin de l'école, tu m'as demandé quand on retournerait à Tours. Je t'ai répondu : « Dans deux ans ». « Non, j'ai entendu le professeur, elle a dit entre dix-huit mois et deux ans. Eh bien moi, je veux y retourner dans dix-huit mois ». OK, message reçu !

17

« J'ai deux boutons d'acné, ça y est, je suis un ado »

Dans tes classeurs de lycée,
Y a tes rêves et tes secrets,
Tous ces mots que tu ne dis jamais.

Yves Simon, *« Diabolo menthe »*

Ce soir, avant de te coucher, tu m'as dit que tu avais fait un cauchemar la nuit précédente.

— Maman, tu étais chauffeur de bus et comme tu avais perdu tes lunettes, il y avait un accident et un incendie.
— Oh là là !

Je ne peux m'empêcher d'esquisser un sourire. De ton lit en hauteur, tu me toises. Mon ton badin ne te plaît pas du tout.

— Mais ce qui était le plus horrible, c'est que tu étais morte !

Tu guettes le petit effet de ta phrase. Comme j'ai l'air de le prendre un peu à la rigolade, tu surenchéris.

— Tu sais, il était 5 h 30 et jusqu'à 6 h 18, j'ai pleuré.

Je me fais alors compatissante.

— Désolée, je ne t'ai pas entendu !
— Mais c'est normal, je ne faisais pas des « ouin ouin ». Mes larmes coulaient sur mes joues sans bruit.

Ton premier cauchemar à 10 ans ! En tout cas, le premier que tu me racontes.

— J'espère que ça ne va pas recommencer cette nuit.

Je te rassure :

— Mais non, une fois qu'on raconte un cauchemar, il ne revient plus. Tu as bien fait de m'en parler.

Tu me regardes un brin dubitatif…

Pas besoin d'être un psy pour analyser ton rêve : la semaine dernière avait été hard ! J'avais perdu mes lunettes et les avais cherchées pendant huit jours de manière obsessionnelle. Ça n'a l'air de rien, une paire de lunettes, mais sans elles j'avais beaucoup de mal à travailler. Je revenais le soir les yeux rouges et la tête lourde de migraine. Finalement, Tiphaine les avait retrouvées sur la branche de notre oranger ! Ces oublis de plus en plus fréquents commençaient à m'inquiéter.

Autre petit souci : des personnes s'étaient introduites dans notre jardin, revenant plusieurs nuits de suite, et j'avais dû déposer plainte au commissariat. Ensuite, je m'étais découvert une tache suspecte sur la peau. Enfin, cerise sur le gâteau, les mauvaises nouvelles liées à un plan social s'étaient accumulées au journal. Bref, j'avais du mal à garder la tête hors de l'eau. Je n'arrêtais pas de boire la tasse. Chaque fois que je reprenais ma respiration après une grosse vague, une autre me claquait au visage. Je te maintenais à bout de bras au-dessus des remous, pensant te mettre à l'abri, mais tu ressentais toutes les secousses. Je rêvais d'un lac calme. Quand cela allait-il s'arrêter ? Tu ne serais pas là, je me serais peut-être laissé couler un instant, j'aurais arrêté de me battre juste un petit moment, histoire de reprendre mon souffle. Mais je ne pouvais pas. Ton cauchemar me disait que tu avais compris tout ça…

« *Je rêvais d'un lac calme. Quand cela allait-il s'arrêter ? Tu ne serais pas là, j'aurais arrêté de me battre juste un petit moment, histoire de reprendre mon souffle.* »

Le lendemain, nous avons rendez-vous avec ton nouveau médecin référent au SESSAD. Tu es nonchalant, tu t'écroules sur le bureau, tu dis que tu as mal au cœur, que tu ne veux pas aller à l'école après. Tu te débarrasses vite fait de tes chaussures. Tu t'étires, tu bailles. Tu t'allonges sur mes genoux. Tu réponds à côté des questions que te pose le médecin ou tu joues aux devinettes quand elle te demande quelle radio tu préfères.

— Ça commence par R…

Cela me rappelle le rendez-vous catastrophique avec le directeur du collège. Le médecin s'inquiète. Elle ne te connaît pas, c'est la première fois qu'elle te rencontre.

— Il est toujours comme ça ?

Non, il en a juste ras-le-bol des rendez-vous, des évaluations, des tests, des changements de thérapeutes, des questions.

— Quelles sont tes difficultés ?

Juste la question qu'il ne fallait pas poser… C'est le coup de grâce. Devant mon regard implorant (« Un dernier petit effort, mon Simon… »), tu réponds :

— L'histoire.
— Pourquoi tu n'aimes pas l'histoire ?
— Parce que le passé ne m'intéresse pas.

Le médecin se retourne alors vers moi.

— Quelles sont ses difficultés ?

Je fais court… Je prends enfin conscience de ce qu'on t'inflige depuis des années. Entendre parler de tes problèmes à longueur de temps à des personnes qui sont des inconnues. Cette femme, très bienveillante et souriante, n'y est pour rien, mais pour toi c'est la goutte d'eau…

Me revient alors la phrase que tu m'as lancée à Tours : « Maman, je trouve que tu es beaucoup trop bavarde ! » Je raconte alors au médecin toutes tes qualités : tu es bon en orthographe, en conjugaison (« Même en ça, je ne suis pas le premier », rétorques-tu). Au clavier, tu joues les morceaux à l'oreille (« Non, Corentin est plus fort que moi. »). Le médecin nous libère… Tu essaies une dernière tentative.

— Maman, j'ai trop mal au ventre pour aller à l'école.

Tu ne m'as jamais joué cette comédie. Malgré toutes tes difficultés, tu n'as jamais prétexté une douleur pour ne pas aller en classe. Je comprends que tu es à bout. J'attrape un taxi. Une fois à l'intérieur, tu me chuchotes dans l'oreille.

— Maman, tu demandes ?
— Non, c'est toi qui demandes…
— Monsieur, est-ce que vous pouvez mettre RTL2 ?

« J'ai troqué mes clics et clacs. » Vianney réchauffe l'atmosphère. Sur le chemin de l'école, tu épates le chauffeur. Rita Mitsouko, U2… À chaque morceau, tu annonces le chanteur.

— Mais comment tu peux connaître tous ces « vieux » à ton âge ?, s'étonne le chauffeur, admiratif. Envolés les maux de ventre !

Quelques jours plus tard, le SESSAD organise une chasse aux œufs dans un parc voisin. C'est l'occasion de parler avec l'équipe qui te suit. Là encore, ton comportement me désarçonne. Dès que je parle avec la psychologue ou l'éducatrice, tu nous interromps en faisant le clown ou en criant carrément : « Non, ne lui raconte pas ! » À partir de ce moment-là, je conviens avec la psychologue de ne plus parler de toi à tes thérapeutes ou à tout membre extérieur de la famille devant toi. Tu en as assez de nous entendre évoquer tes problèmes, ce que tu fais, ce que tu ne fais pas, tes progrès, tes régressions…

Cet épisode me met la puce à l'oreille. Margaux se plaint de plus en plus que tu ne lui racontes plus rien de tes week-ends quand elle va te chercher à l'école. À ses questions, tu réponds laconiquement. Cela ne m'étonne qu'à moitié. Tu n'as pas envie qu'on parle de toi, mais tu n'as pas envie non plus de parler de toi. Tu es en âge d'avoir un jardin secret. Depuis tout petit, on te questionne sans arrêt pour te faire sortir de ta bulle, te faire progresser sur le plan de l'expression orale. Toute conversation finit par devenir un devoir, dans les deux sens du terme. Voire une corvée. D'autant que tu arrives au seuil de l'adolescence. Est-ce parce que je retrouve en toi la petite fille réservée que j'étais ? Je comprends très bien que tu n'aies pas forcément envie de tout nous raconter. Sous prétexte que tu souffres d'un trouble du spectre autistique, pourquoi faudrait-il que tu livres tout ce que tu as dans la tête ? La préoccupation de l'équipe qui te suit, c'est que tu puisses dire quand ça ne va pas. On met en place une sorte de journal intime que tu rédiges avec moi ou avec Margaux et qu'on imprime pour la psychologue. Tu parles d'un journal intime ! Ça ne me convient pas. J'ai l'impression d'être intrusive. On essaie autre chose : tu tapes toi-même sur l'ordinateur chaque week-end ce que tu as envie d'écrire et tu le copies sur une clé USB pour ta psychologue. Mais c'est une source de conflit entre toi et Margaux. Tu vas

« *Tu en as assez de nous entendre évoquer tes problèmes, ce que tu fais, ce que tu ne fais pas, tes progrès, de tes régressions…* »

même jusqu'à lui mentir en disant que tu l'as fait alors que ce n'est pas vrai. On finira par laisser tomber.

L'adolescence pointe le bout de son nez, au propre comme au figuré. Tu as décrété que tu avais deux boutons d'acné sur le bout du nez. Deux petits boutons de rien du tout qu'il faut regarder à la loupe, mais qu'importe. Tu as l'air tellement fier qu'on ne te contredit pas. Cela montre ton envie de grandir, de passer à autre chose.

Tu veux absolument en parler à ta pédiatre. Ça tombe bien, j'ai pris notre rendez-vous annuel. Quand je te rejoins dans la salle d'attente où tu patientes avec la précieuse Bogusia, ta kid-sitter, je vois que ça ne va pas. Tu as les yeux remplis de larmes. Je suis un peu en retard et tu n'as pas voulu entrer dans le bureau du docteur B. Vous vous êtes disputés avec Bogusia. Je ne demande pas plus d'explications et salue le médecin. On raconte ton année, tes progrès et tu en viens à parler de tes boutons : « Ça y est, je suis ado ! » La conversation continue, chaleureuse, tu te sens très à l'aise avec cette femme enjouée qui te suit depuis que tu es bébé. On parle de ton frère et de ta sœur que le docteur B. a aussi suivis, puis tout d'un coup, tu fonds en larmes. Je ne comprends pas pourquoi. Cela dure longtemps. Un gros chagrin inconsolable. Quand tu arrives enfin à parler, tu racontes que Jérôme ne veut plus être ton copain, qu'il a été méchant avec toi. Au bout de dix minutes, les sanglots cessent, tu arrives à te calmer.

Sur le chemin du retour, j'essaye d'en savoir plus.

— Jérôme, il trahit tout le monde. Il est méchant.

Je t'explique alors qu'on n'est jamais méchant sans raison, que souvent, si on est méchant, c'est parce qu'on est malheureux et que c'est sans doute parce qu'il ne va pas très bien que Jérôme t'a fait du mal sans le vouloir vraiment. Tu m'arrêtes dans ma marche et tu me regardes fixement.

— Mais oui, tu as raison maman. C'est ça. Tu as trouvé l'explication. Jérôme est malheureux.

J'ai l'impression d'avoir trouvé le Graal. Tu finis le trajet en sautillant, l'air réjoui. Parfois, je me dis que, finalement, c'est vraiment simple d'être maman…

18

« Je veux mourir avant toi »

Il y a ces deux plis
Que l'on voit entre tes yeux,
Ces mêmes traits d'ennui
beaucoup trop sérieux,
beaucoup trop sérieux.

Ours, *« Jamais su danser »*

Nous sommes dans le TGV. Nous revenons de Vendée où j'ai fêté mes cinquante ans en famille. Tu es habitué à ces allers-retours, mais ce jour-là je te sens tout chose. Du train, derrière la vitre, tu envoies des baisers à ta grand-mère, comme d'habitude, mais ton regard semble plus inquiet. Tu la cherches longtemps des yeux après que le train a démarré. En temps normal, tu me demandes mon smartphone pour écouter de la musique. Pas cette fois… Tu commences à me parler du week-end, de ce que tu as aimé, de ce qui t'a contrarié. Cela faisait longtemps que toute la famille n'avait pas été réunie dans la maison de tes grands-parents. À Noël, ton père n'était pas là. La dernière fois que nous étions tous ensemble, c'était au premier anniversaire de la mort de mon père. C'est ce que je réalise pendant que tu me parles. Et c'est là que tu me sors :

— Maman, je voudrais mourir avant toi.

Tu me dis ça calmement, les yeux bien plantés dans les miens. Ce n'est pas une boutade d'enfant ou une phrase lancée théâtralement pour faire son petit effet. Non, je sens que cette phrase, tu l'as bien réfléchie, mûrie. Un peu déstabilisée, je te réponds :

— Mais pourquoi tu dis ça ? Il n'y a pas de raison pour que tu meures avant moi. Pourquoi tu parles de ça ? Tu as bien le temps…

Complètement à côté de la plaque, la maman !

— Je voudrais mourir avant toi parce que je ne veux pas être grand-père. Je veux mourir à cinquante ans. Parce que les grands-pères, ils marchent lentement. Ils sont bizarres, pas très beaux. Regarde Papi, il avait perdu ses cheveux.

— Oui, si tu veux, on est moins beau. Mais en même temps, c'est super de voir ses enfants vieillir, ses petits-enfants grandir. Si tu meurs avant moi, je serai très triste. C'est à moi de mourir avant toi…

— Mais moi aussi, je serai très triste si tu meurs avant moi. Ce qui m'embête, c'est que quand on est vieux, on ne marche pas vite. Tu deviens fragile. Regarde Mamie…

Nous y voilà. Je saisis mieux ton regard de tout à l'heure. Tu t'inquiètes pour ta grand-mère.

Tu poursuis :

— Ce que je ne comprends pas, c'est pourquoi elle marche si lentement. Papi, il allait plus vite et pourtant il est mort.

Je sens de la colère dans ta voix qui tremble un peu.

— Tu sais, c'est vrai que vieillir, ça n'est pas marrant. On est plus fatigué.

Je ne pensais pas que mes cinquante ans allaient te bouleverser à ce point. Tu as peur de voir partir ta grand-mère. Tu sais qu'ensuite, la prochaine, ça sera moi. La mort se rapproche… Tu conclus en lançant :

— Le jour où je vois que Tiphaine a un gros ventre, alors là, je te promets, je vais pleurer de joie !

Tu as raison, après la mort, rien de tel que de parler des vies à venir… Une maman qui joue au Uno avec ses deux petites filles juste devant nous n'a rien perdu de nos échanges. Elle garde ses yeux fixés sur le jeu, mais je vois qu'elle tend l'oreille et affiche un petit sourire intrigué, amusé. C'est vrai que c'est une drôle de conversation de train. Tu choisis toujours des lieux improbables pour parler des choses essentielles. C'est aussi que, dès que tu me tends une perche, je la saisis quelles que soient les circonstances. C'est fou, mais cette conversation me fait plaisir. Qui aurait

« Tu choisis toujours des lieux improbables pour parler des choses essentielles. C'est aussi que, dès que tu me tends une perche, je la saisis quelles que soient les circonstances. »

parié que nous aurions une discussion comme cela ne serait-ce qu'il y a deux ans ? Comme tu as changé !

Cela me rappelle une anecdote que j'avais oubliée. Tu avais cinq ans et nous t'avions expliqué, ton père et moi, que tes autres grands-parents étaient morts avant ta naissance. Tu n'avais rien dit, pas posé de question. Cela semblait te faire ni chaud ni froid. Avais-tu compris ? Nous n'en étions même pas sûrs. À cette époque, pour aller à l'école maternelle, on prenait le bus puis on marchait dix minutes. Quand il pleuvait, on descendait quelques arrêts plus loin et, toujours au même endroit, tu criais « Jack, Jack ». Je te questionnais :

— De qui parles-tu ? De Jack de *L'Étrange Noël de Monsieur Jack* ?

Tu faisais non avec la tête. J'ai mis des semaines avant de comprendre que tu parlais de ton grand-père décédé qui s'appelait Jacques. Mais pourquoi l'évoquais-tu à cet endroit précis ? J'ai cherché, j'ai cherché et je n'ai pas trouvé. La réponse, je ne l'ai eue que cet été. Tu voulais m'expliquer dans quel parc tu étais allé avec le centre de loisirs : « Tu sais, c'est celui où il y a une statue d'un homme qui s'appelle Jacques. » Et j'ai réalisé que quand tu criais « Jack », c'est parce qu'il y avait juste à côté une statue de Jean-Jacques Rousseau. Je t'avais expliqué que c'était un homme très célèbre qui écrivait des histoires. J'ai souri quand j'ai compris que tu as longtemps cru que Jean-Jacques Rousseau était ton grand-père. La réalité était moins belle. Jacques, ton papi de Genève, était mort écrasé par un train. On a attendu quelques années avant de te le dire. Sans doute un suicide. Mais ça, on ne te l'a encore jamais dit. Peut-être est-il temps…

19

« Je suis autiste ou normal ? »

C'est ta chance,
Le cadeau de ta naissance.
Y a tant d'envies, tant de rêves
Qui naissent d'une vraie souffrance.

Jean-Jacques Goldman, *« C'est ta chance »*

Cette question, je la redoutais depuis longtemps. J'avais imaginé ce moment selon différents scénarios. Mais comme toujours, tu m'as prise à contre-pied. Surprenant petit bonhomme. C'était dans la salle à manger de l'hôtel des Arcades à Autun. La télé crachait ses infos en continu. Nous étions tous les trois, avec Tiphaine, en train d'avaler vite fait notre petit-déjeuner avant d'entamer une journée de rencontres et de conférences au Festival du journalisme vivant. Nous étions mal réveillés, à la bourre.

Tu nous as posé une question. Je te l'ai fait répéter trois fois. *A posteriori*, on pourrait penser que je ne voulais pas l'entendre, que c'était un acte manqué. Ou que tu l'avais chuchotée, susurrée, pas articulée. Tiphaine, elle, a tout de suite compris. Je l'ai vu au regard qu'elle m'a lancé. Un regard grave. Un regard qui m'alertait. Un regard qui me disait : « Maman, le moment est arrivé. » Je pense que ce n'est pas un hasard si tu m'as posé cette question en présence de ta sœur. Tiphaine qui apaise, qui console, qui adoucit. Petit rocher sur lequel on s'accroche quand la mer se déchaîne, qui à cinq ans me disait : « Maman, il faut que tu apprennes à gérer tes émotions. »

À cet instant, j'ai vu cette petite fille dans ses yeux. Ce n'était pas le moment de craquer. Tout d'un coup, toutes ces phrases que j'avais préparées depuis des années se sont scratchées dans ma tête. Je savais qu'un mot, un détail pouvait tout bouleverser dans ton esprit. Moi qui depuis des années ne voulais pas t'enfermer dans un diagnostic de peur de te freiner dans ta remarquable progression, je me retrouvais au pied du mur. Moi qui avais résisté aux injonctions des professionnels qui nous demandaient régulièrement à Manu et moi si nous t'avions enfin parlé.

On avait toujours une bonne raison pour reporter. « On le fera en vacances quand on se retrouvera tous les trois. » Et puis l'été se terminait, et nous n'avions toujours pas abordé avec toi ce sujet épineux. Parce qu'on avait eu mieux à faire. Parce qu'on se voyait mal t'annoncer entre deux bains dans la piscine : « Il faut qu'on te parle. » Surtout, parce qu'au fond de moi, je me disais qu'on n'aurait peut-être jamais besoin de te perturber en évoquant l'autisme. Vu tes progrès, ça serait sans doute bientôt une histoire ancienne qu'on pourrait tous effacer de nos mémoires. C'est aussi pour cette raison que j'ai d'abord refusé d'écrire ce livre. Je ne voulais pas te fixer dans ces pages, te renvoyer ton passé à la figure. Puis j'ai changé d'avis. Je me suis persuadée qu'il fallait qu'on te raconte le chemin parcouru pour que tu sois fier de toi, que tu te rendes compte du travail immense que tu avais effectué, du miracle que tu avais accompli. Alors, à l'instant où tu as posé ta fameuse question « Je suis autiste ou normal ? », j'étais prête. Prête à te répondre. Prête à te révéler la vérité.

« J'ai d'abord refusé d'écrire ce livre. Je ne voulais pas te fixer dans ces pages, te renvoyer ton passé à la figure. »

N'empêche, je n'étais pas fière. Je bégayais, j'hésitais.

— Pourquoi tu nous demandes ça ? Qu'est ce qui s'est passé ?
— C'est Vincent qui a dit que j'étais autiste à un garçon d'une autre école, pendant la classe de découverte.
— D'abord, tu n'es pas autiste, tu es Simon. L'autisme ne définit pas une personne. Simplement, ton cerveau ne fonctionne pas tout à fait comme un cerveau qu'on dit « normal », il a des particularités. Mais sache que chaque cerveau a des particularités. Toi, tu souffres de différents troubles : d'autisme, de dyspraxie comme Paul (c'est pour ça que tu as du mal à écrire), de TDAH, ce qui explique que tu as du mal à te concentrer et que tu as besoin de bouger souvent. Voilà pourquoi tu as un ordinateur à l'école, une AVS et que tu vois beaucoup de monde pour t'aider depuis que tu es tout-petit. Tu as fait de formidables progrès. C'est pour ça d'ailleurs que l'on m'a demandé d'écrire un livre sur toi.
— Oui, mais est-ce que je suis autiste comme Morgan ?

Ta question était légitime. Tu côtoyais depuis quelques années, à l'école, un petit garçon qui semblait être lui aussi porteur d'autisme. Ce qui te perturbait, c'est qu'il souffrait d'un trouble plus important que toi. En tout cas, en apparence.

— Non, tu n'as pas tout à fait la même chose que Morgan. Tu sais, il existe plusieurs degrés dans l'autisme. En fait, il y a autant d'autismes que d'enfants qui en sont porteurs. Par exemple, certaines personnes qui souffrent d'autisme ne le savent même pas : chez elles, ça ne se remarque pas. Il existe aussi des personnes qui s'en sortent très bien. Par exemple, Josef Schovanec qu'on entend sur Europe 1. Pour t'expliquer de manière un peu facile, l'autisme c'est un peu comme les yeux bleus, il existe autant de nuances de bleu que de personnes.

Tu avais l'air satisfait de mes explications un peu confuses.

— Tu sais, je n'en veux pas à Vincent, mais j'en veux à l'autre garçon parce qu'il m'a lancé des choses méchantes.

Tu n'en diras pas plus. J'imagine quelles paroles blessantes tu as dû entendre. Me revient alors en mémoire ce que m'avait confié mon amie Carole sur son fils quand je l'avais interrogée sur le moment où elle avait abordé le sujet avec lui. À l'âge de Simon, il était revenu en pleurs parce qu'un enfant dans la cour l'avait traité de « sale autiste ». À l'époque, elle m'avait dit que si c'était à refaire, elle essaierait de lui en parler avant. Conseil que je n'ai pas suivi… Dans l'escalier pour remonter à la chambre, je rajoute :

— En fait, tu sais Simon, aujourd'hui, un enfant sur quatre-vingt naît avec un problème d'autisme. Tu vois, ça fait beaucoup de monde, tu n'es pas seul.

Tu as souri. Ai-je été à la hauteur de ma mission ? T'ai-je rassuré ? Ou au contraire mes propos t'ont-ils inquiété ? Je décide, contrairement à mon habitude, de ne pas en rajouter, ne pas en faire des tonnes pour être sûre que j'ai bien atteint mon but.

Nous sortons de l'hôtel pour aller voir un film sur le décrochage scolaire. Dans la rue, je suis à la fois bouleversée et soulagée. Voilà, c'est fait. Je marche en te tenant par la main. Je la serre un petit peu plus que d'habitude. Tu t'arrêtes et tu me prends dans tes bras. On ne dit rien, mais on se dit tout. C'est un nouveau départ. Finalement, je me rends compte que ce mensonge par omission pesait sur notre relation. J'avais aussi agi par lâcheté. Peur de te faire mal, peur d'affronter ta souffrance.

L'après-midi, à l'heure de la sieste, je te précise quand même :

— Je voulais te dire Simon à propos de ta question, qu'une personne normale, ça n'existe pas. Je ne suis pas normale. Ton père n'est pas normal. Tiphaine n'est pas normale. Tout le monde est différent et la normalité n'existe pas.

20

« Pourquoi tu préfères parler à Paul qu'à moi ? »

À toi qui viens juste derrière,
J'voudrais crier c'qu'il faut faire.
Mets pas tes pieds là, ça fait mal.
C'est pas vrai que tous les hommes se valent.

PATRICK BRUEL, *« Dors »*

Je suis assise avec Paul dans le hamac. Je lui raconte mon week-end avec toi en Normandie. Tout d'un coup, tu te campes devant nous les mains sur la taille et lance :

— Pourquoi tu préfères parler à Paul qu'à moi. Je suis extrêmement jaloux.

Ton attitude, le ton solennel que tu adoptes nous font éclater de rire. Ce qui n'arrange rien. Tu prends ton air renfrogné des mauvais jours.

— Simon, je viens de passer tout le week-end avec toi. Paul, ça fait plusieurs jours que je ne l'ai pas vu ; c'est normal que je bavarde quelques instants avec lui. Tu exagères quand même !

Tu reviens deux minutes après.

— Pardon d'être jaloux.
— Mais tu n'as pas à demander pardon. Tous les frères sont jaloux de leurs frères et c'est bien d'en être conscient. La jalousie, ça ne se commande pas… Tu ne peux pas lutter contre, mais l'identifier permet de ne pas se laisser envahir par elle.

Cela fait quelque temps que j'ai remarqué ce sentiment chez toi. À vrai dire, je ne m'y attendais pas. Je pensais que ça serait plutôt le contraire. Que Paul éprouve de la jalousie envers toi qui monopolise mon attention depuis ta naissance, ça aurait été logique. Il n'avait que neuf ans quand tu es né. Il attendait ta naissance comme celle du Messie et m'a avoué plus tard que la plus belle période de son enfance, ça a été mon congé maternité. Parce qu'il était très content d'avoir un petit frère, mais aussi parce que pendant presque tout son CM1 j'allais le chercher à l'école à l'heure des mamans et je le ramenais même à la maison pour déjeuner. Une heure trente de marche quotidienne avec son petit frère dans la poussette, qu'il pleuve, qu'il tonne, qu'il vente. J'avais bien conscience que je ne pourrai plus jamais nous offrir ça… Je ne l'avais jamais vu aussi heureux.

Paul a toujours eu un comportement hyper-protecteur avec toi, presque paternel. Quand il était enfant, je sentais que ton regard admirateur pansait certaines de ses blessures. Je me souviens de ta fierté et de la sienne quand il est venu faire un concert à la crèche. Tous les enfants étaient bouche bée devant ce garçon blond de dix ans qui faisait virevolter les baguettes. Et toi, tu paradais, à la fois étonné qu'une batterie donne un tel crédit à celui qui en joue et content que ce prestige retombe sur ta petite personne. Très vite, tu as su jouer avec les sentiments de ton frère, t'apercevant du pouvoir que pouvait donner l'affection que nous portent ceux qui nous aiment. Extrêmement mature et responsable pour son âge, il a commencé à douze ans à prendre le relais de la baby-sitter avant mon retour du travail. Il a pris son rôle très au sérieux et j'avais une totale confiance en lui, car il a très tôt développé une autorité naturelle. Quand vous partiez en vacances chez vos grands-parents, il s'occupait de toi avec beaucoup d'attention. Il se sentait alors responsable de toutes les bêtises que tu pouvais faire. C'était trop de pression. Tout ce qui te touchait lui tenait à cœur.

« Très vite, tu as su jouer avec les sentiments de ton frère, t'apercevant du pouvoir que pouvait donner l'affection que nous portent ceux qui nous aiment. »

Quand ont commencé tes problèmes à l'école, Paul était révolté. Il en voulait aux enseignants. Il avait lui-même vécu le rejet du système scolaire parce qu'il n'était pas dans le moule. Qu'ai-je entendu sur lui ! Qu'il était paresseux, qu'il ne voulait pas apprendre, qu'il était incapable de se concentrer… En grande section, on l'avait déjà catalogué. Jusqu'à ce qu'une enseignante un peu plus attentive que les autres, mais surtout plus ouverte, fasse un lien en CE1 entre ses différentes difficultés : ses problèmes pour dessiner, écrire, faire du vélo, nager, coordonner ses gestes… Elle a évoqué des troubles dyspraxiques. Je n'en avais jamais entendu parler. À l'époque, on commençait tout juste à s'intéresser à la dyslexie. Une psychomotricienne a confirmé le diagnostic et Paul a entamé une longue rééducation.

Autre problème qui envenimait ses relations avec les enseignants : il avait toujours besoin de bouger, jouait constamment avec ses crayons et ses gommes, agitait ses jambes. Alors que l'institutrice précédente l'avait placé devant son bureau pour mieux le surveiller et le gronder dès qu'il esquissait un mouvement – ce qui avait le don de redoubler ses symptômes, puisque son besoin de bouger était une réponse au stress –, sa maîtresse de CM1 a trouvé une technique pour canaliser cette instabilité motrice. Elle l'a installé au fond de la classe en lui disant : « Je comprends que tu aies envie de bouger, mais pour que ça gêne le moins possible tes camarades, il vaut mieux que tu sois au dernier rang et quand vraiment, tu sens que tu n'en peux plus, je t'autorise à sortir 5 minutes et à revenir quand tu es calmé. » Cela a eu un effet magique. Le fait que Paul sache qu'on comprenait son problème et que les adultes cherchaient des solutions pour l'aider a été radical : il a eu beaucoup moins besoin de bouger en classe.

La suite de son histoire avec l'école a connu des hauts et des bas. Quand un enseignant était compréhensif, il faisait des étincelles ; quand c'était le contraire, il perdait pied. Aujourd'hui, il a trouvé des stratégies pour pallier sa dyspraxie, mais les phrases qu'il a entendues au début de sa scolarité l'ont profondément marqué psychologiquement. Il peut être fier de son parcours. En tout cas, je le suis. C'est aujourd'hui un brillant étudiant et pourtant, il ne peut oublier les paroles malheureuses de certains enseignants. Avec l'expérience que j'ai acquise plus tard, je regrette de ne pas avoir insisté pour qu'il ait un ordinateur en classe. Mais il voulait se fondre dans la masse, surtout ne pas se faire remarquer.

En 6e, il avait demandé à ce que je ne prévienne pas le collège de sa dyspraxie. Ça a été la catastrophe ! À la Toussaint, quand j'ai tiré la sonnette d'alarme et expliqué le trouble dont il souffrait, un seul professeur a accepté de photocopier ses cours. J'aurais dû demander un PPS, mais j'ignorais alors tout des subtilités des procédures d'aide proposées par l'Éducation nationale. Nous nous sommes donc battus presque seuls contre un système qui rejette tout corps étranger.

J'ai compris avec Paul qu'il n'y avait pas de bons ni de mauvais professeurs. Paradoxalement, les enseignants qui avaient très bonne réputation dans les différents établissements qu'il a fréquentés se sont tous plantés avec lui. J'ai mon explication : ces professeurs très investis, habitués à obtenir de bons résultats avec leurs élèves se trouvaient en échec avec Paul. Leurs méthodes ne fonctionnaient pas avec un enfant atypique. Son professeur d'anglais, qui avait été épatante avec Tiphaine, ne tarissant pas d'éloges, lui redonnant confiance en elle, a eu un comportement à la limite du harcèlement avec Paul, m'appelant même pour me conseiller de l'inscrire dans un internat pour éviter qu'il ait une mauvaise influence sur sa sœur ! J'ai été estomaquée. Comment une femme que j'avais bénie pour son influence positive sur Tiphaine pouvait-elle être aussi maléfique pour son frère ?

Heureusement, dans tout son parcours, Paul a, comme son frère et sa sœur, rencontré des professeurs merveilleux, de belles personnes qui l'ont pris sous leur aile. Miraculeusement, chaque année, il y en avait au moins un qui contrebalançait tous les autres. Certains aussi ont eu l'honnêteté de se remettre en question et d'admettre qu'ils s'étaient trompés. Je me souviens d'une femme en première que j'avais demandé à rencontrer devant les résultats en demi-teintes de Paul. Et là ce fut une avalanche de phrases négatives. En gros, Paul feignait la dyspraxie, il était tout simplement paresseux, manipulateur. Elle voyait bien qu'il arrivait à prendre des notes, disait-elle, mais « comme par hasard, il a dû mal écrire le jour du contrôle ». J'ai tenté de lui expliquer que, pour noter son cours, il avait mis en place tout un système d'abréviations incompréhensible pour les autres et dont il ne pouvait donc pas se servir dans ses devoirs écrits. Peine perdue, j'étais aussi suspecte que mon fils. Cerise sur le gâteau, elle a ajouté : « L'autre fois, il n'a pas réussi une interrogation surprise parce qu'il avait soi-disant dû s'occuper de son frère autiste. » Je lui ai répondu que c'était vrai, que Paul s'occupait le soir de son frère, mais que si ça devait perturber son travail, je trouverais une autre solution. Je suis sortie découragée de cet entretien. Paul était en première et je devais encore justifier sa dyspraxie, alors qu'il était suivi depuis l'âge de sept ans. Ça n'arrêterait donc jamais…

En terminale, le jour de la rentrée, Paul m'a annoncé qu'il l'avait de nouveau comme professeur. J'ai levé les yeux au ciel mais il a répliqué aussitôt :

— C'est une bonne prof, maman.
— Une bonne prof peut-être mais qui t'a dans le nez…

Quelques mois plus tard, réunion de parents. Quand nous nous retrouvons en face d'elle, Manu et moi, elle a ses mots que je n'oublierai jamais :

— Je voulais vous prier de m'excuser pour ce que je vous ai dit l'année dernière. J'ai compris les difficultés de Paul. C'est un garçon extrêmement courageux, intelligent et très cultivé.

Ce à quoi j'ai répondu :

— Merci pour vos mots. Cela nous touche beaucoup, mais c'est à Paul qu'il faut dire cela.

Elle l'a fait. Au Panthéon de Paul, je crois que madame L. figure en bonne place. C'est tellement rare de reconnaître que l'on s'est trompé. Respect.

On connaît aujourd'hui objectivement l'impact du jugement des professeurs et des phrases négatives sur le cerveau des élèves. La pédiatre Catherine Gueguen cite de nombreuses études sur ce sujet dans son livre *Heureux d'apprendre à l'école*[19]. C'est vrai pour tous les enfants, mais ceux porteurs d'un handicap « invisible » sont en première ligne. Pour les enfants porteurs d'un handicap « invisible », c'est la double peine : ils ont du mal parce que leur cerveau ne fonctionne pas comme les autres, mais en plus ce dernier est impacté par toutes les piques qu'ils entendent à longueur de journée… Paul a plus souffert des conséquences psychologiques de la dyspraxie que de la dyspraxie elle-même. Une des solutions passe certainement par la formation. Que des personnalités

19. Les Arènes, 2018.

comme Catherine Gueguen, Céline Alvarez ou Isabelle Filliozat soient consultées régulièrement par le monde de l'enseignement doit nous faire croire en des jours meilleurs. De plus en plus de professeurs ont conscience de ces enjeux et se forment pour y faire face. Quand on a vécu le handicap d'un enfant en tant que parent, on a des pistes, des idées. Pourquoi ne pas imaginer une sorte de conseil de parents d'enfants atypiques et d'enfants atypiques devenus grands pour aider écoles, collèges et lycée à trouver des solutions sur le terrain ? Nombre de parents d'enfants chahutés par le système, une fois qu'ils ont sorti la tête de l'eau, décident de se diriger vers les métiers de l'enseignement. C'est aussi très souvent le cas pour les enfants eux-mêmes. Pas rancuniers avec le système qui a failli les broyer, ils mettent leurs compétences au service de la génération suivante. J'ai ainsi rencontré une jeune femme que tous les élèves rêveraient d'avoir comme professeur. Elle m'a avoué la voix étranglée qu'elle avait failli ne jamais entrer au collège, handicapée par une dyslexie sévère. C'est le regard et le soutien d'une de ses enseignantes qui l'ont sauvée. Elle s'est juré alors de rendre la pareille aux enfants en difficulté. Une motivation qui l'a aidée à franchir tous les obstacles pendant ses études. Nos enfants ont besoin de professeurs comme elle.

> *« C'est la double peine : ils ont du mal parce que leur cerveau ne fonctionne pas comme les autres, mais en plus ce dernier est impacté par toutes les piques qu'ils entendent à longueur de journée. »*

21

« On ne dit pas enfant autiste, on dit enfant atteint d'autisme »

....

Je ne me souviens que d'un mur immense
Mais nous étions ensemble.
Ensemble, nous l'avons franchi.
Souviens-toi, ensemble, nous l'avons franchi.
Souviens-toi, ensemble, nous l'avons franchi.

Jean-Jacques Goldman, « *Ensemble* »

C'est la veille de notre départ en vacances. Il est tard, je rentre du travail et je n'ai qu'une idée en tête : regarder *Atypical*, une série sur un ado autiste en quête de l'amour que beaucoup d'amis m'ont conseillée. La bande-annonce est prometteuse. Dès que tu es couché, je me jette sur ma télécommande et j'enchaîne quatre épisodes. Je ne suis pas déçue. Je ris, je suis émue, j'ai les larmes aux yeux. Je retrouve tellement de situations auxquelles je suis confrontée, même si tu es plus jeune que le héros.

Je me reconnais bien sûr dans Elsa, la maman dont la vie tourne essentiellement autour de son fils, Sam. Elle qui lui a consacré sa vie se trouve désarçonnée quand il décide de chercher une petite amie et qu'il préfère avoir son père comme confident dans ce qui est pour lui une nouvelle aventure. Elsa a toujours tout fait pour que son fils soit indépendant, mais voilà qu'elle freine des quatre fers au moment où celui-ci revendique son autonomie. À travers ses travers, je vois les miens. Comme Elsa, j'ai l'impression que mon plus grand rêve est que tu prennes ton envol un jour pour fonder ta propre famille. Mais je n'ai pas besoin de psychanalyste pour me suggérer que moi qui ai fait de la maternité un but, une raison de vivre depuis que je suis toute petite, ça m'arrange peut-être un peu d'avoir un fils qui dépend énormément de moi, un « éternel enfant ». Si cette hypothèse m'horrifie, je ne peux la rejeter à 100 %. Tous les jours, je combats mon côté maternant. Je me fais violence pour que tu quittes mes bras et que tu t'aventures sur ton propre chemin, pour ne pas aplanir les monticules qui pourraient te faire trébucher, enlever tous les cailloux qui pourraient gêner ta route. Pas évident quand on a pris l'habitude de se battre pour son enfant contre le monde entier.

> *Je me reconnais dans la colère de cette maman contre la thérapeute, même si je ne suis jamais allée jusqu'à poser mon postérieur nu sur la voiture de la psy !*

Je souris devant cette maman qui essaie de dissuader son ado d'aller faire du shopping en lui énumérant tous les obstacles auxquels il va être confronté (« Tous ces bruits, toute cette lumière et cette fontaine, tu ne vas pas le supporter.

Souviens-toi la dernière fois... »), pour finir par piquer une crise dans le magasin parce qu'on n'a pas réduit l'intensité de la lumière ni le volume de la musique avant leur arrivée, contrairement à ce qu'elle avait demandé par téléphone. Et c'est elle qui se fait virer de la boutique alors que Sam continue tranquillement ses achats.

Je me reconnais aussi dans sa colère contre la thérapeute (« De quoi elle se mêle, celle-là ? »), même si je ne suis jamais allée jusqu'à poser mon postérieur nu sur la voiture de la psy en signe de rébellion, contrairement à l'héroïne de la série. Tout le monde lui dit : « Occupe-toi de toi. » Elle finit par suivre ce conseil au pied de la lettre et prend un amant. Je ne suis pas allée jusque-là non plus. Mon amant, ça a été mon journal. Car la différence essentielle entre Elsa et moi, c'est qu'elle a arrêté de travailler. Ce que je n'ai jamais fait. On me l'a reproché, je me le suis reproché. Mais je ne regrette rien. Non, rien de rien. Travailler était un acte égoïste et pourtant vital. Je me suis parfois jetée à corps perdu dans la rédaction de mes articles. J'étais déjà boulimique de travail avant ta naissance (on m'appelait madame X rubriques !) et ça ne s'est pas arrangé par la suite. Passionnée par mon métier, j'ai mis les bouchées doubles.

Mon job me permettait d'oublier mes soucis, de les mettre entre parenthèses. Au point de frôler plusieurs fois le *burn-out*. Je n'ai jamais pris les antidépresseurs que l'on m'a prescrits, sans doute parce que j'étais dans le déni. J'ai continué mon petit bonhomme de chemin en me shootant à coups de Sédatif PC, de cohérence cardiaque et de marche. J'ai traversé les tempêtes comme ça. Il faut dire que j'ai une bonne nature : j'ai la chance de pouvoir facilement exprimer mes émotions et j'ai trouvé sur ma route des médecins (ma généraliste m'accueille le plus souvent avec sa boîte de Kleenex !), des personnes qui ont su faire preuve d'écoute bienveillante. C'est ce qui m'a sauvé.

Je me souviens notamment d'une pédopsychiatre au CMP. C'était en 2016, au début du mois d'août. Tu avais beaucoup régressé pendant le mois de juillet que tu avais passé en partie dans notre maison de famille en Normandie. J'étais fatiguée par mon année et le dernier coup de collier que je devais donner avant les vacances. Je me sentais désemparée face à tes réactions : tu étais alors dans une phase aiguë d'opposition. Je perdais pied. Tous tes thérapeutes étaient partis en vacances. À tout hasard, j'ai fait le numéro du CMP de notre ville, m'attendant à tomber sur un répondeur. Une dame à la voix extrêmement douce a décroché. J'étais en larmes. Elle m'a répondu qu'elle pouvait exceptionnellement nous recevoir le lendemain en urgence, Manu, toi et moi. Je n'en espérais pas tant. Lors de ce rendez-vous, je lui ai raconté mon année : la mort brutale de mon père, l'hospitalisation de ma mère, les attaques de panique de Paul, le plan de sauvegarde de l'emploi à mon travail, les problèmes avec toi en ce début d'été… Après ma litanie à la « Tout va très bien, Madame la marquise ! », elle m'a lancée : « Et vous êtes encore debout ? » Cette phrase m'a tellement surprise que j'ai mis trois secondes à la comprendre. Cette personne à qui j'avais résumé ma vie en une heure

> *« La plupart des mères soignent leur souffrance par l'action. Elles cherchent des solutions, frappent à toutes les portes, sont prises d'une sorte d'hyperaction thérapeutique. »*

trouvait normal que je sois au bout du rouleau et pensait même que j'étais très forte de ne pas avoir craqué plus tôt ! Cette bienveillance, cette reconnaissance de ma souffrance m'ont fait un bien fou. Je suis sortie de son cabinet reboostée, apaisée. Comme par hasard, tu as cessé immédiatement tes crises régressives.

Pour en revenir à *Atypical*, le personnage qui malgré tout me touche le plus dans cette série, c'est Doug, le père. Il s'est senti très tôt exclu de la relation fusionnelle entre sa femme et son fils. Comme tant de papas d'enfants atteints d'autisme, il est maladroit, ne sachant pas comment aider sa femme et son fils. Il se sent seul. C'est quelque chose que j'ai souvent constaté autour de moi : la plupart des mères soignent leur souffrance par l'action. Elles cherchent des solutions, frappent à toutes les portes, sont prises d'une sorte d'hyperaction thérapeutique. Cela a aussi été mon cas. Alors que les pères restent souvent seuls avec leur souffrance. Dans le cas de Doug, il a même quitté sa famille un moment après l'annonce du diagnostic. Depuis, il porte cette culpabilité comme une croix.

Dans notre histoire, je ne sais pas comment Manu a tenu le coup. Pendant des années, tu ne voulais être qu'avec moi. Dès que ton père s'approchait, tu hurlais. Je vois encore sa douleur sur son visage. Les trois premières années, il m'a laissée m'occuper de toi, me déchargeant de toutes les autres tâches ménagères : courses, lessives… Il a pris son mal en patience et, petit à petit, a trouvé sa place auprès de toi. Cela a commencé par un rituel du soir : les toutous. Je n'ai jamais tout à fait compris la subtilité du geste. À première vue, Manu souffle sur tes bras et tes pieds, et cela te fait un effet fou. J'ai bien saisi que le dosage de l'air est essentiel. J'ai essayé, mais sans succès. Tu ne t'endors pas tant que ton père n'a pas effectué « les toutous ». Quand il n'est pas là, il te le fait par téléphone ! Le déjeuner du lundi est un autre de vos moments privilégiés. Toutes les semaines, avant que Manu ne parte sur les routes, vous allez manger un hamburger. C'est à travers ces activités auxquelles je ne participe pas que, tout doucement, vous avez tissé votre lien. Mon absence a été la condition *sine qua non* pour que la relation se crée.

Le moment qui m'a franchement fait rire dans *Atypical*, c'est lorsque Doug décide, pour faire plaisir à sa femme, de participer à une séance du groupe de parole qu'Elsa fréquente toutes les semaines. La responsable l'invite à raconter ce qu'il vit avec son fils et l'interrompt, visiblement agacée parce qu'il a parlé de son « fils autiste ».

— Nous préférons ne pas parler d'enfant autiste ici. On ne dit pas enfant autiste, on dit enfant atteint d'autisme. La personne avant le diagnostic.

Un peu plus tard, elle le reprend encore quand il se félicite des progrès de Sam.

— Il n'y a pas de mieux dans l'autisme. C'est un état neurologique, pas une maladie qui se soigne.

Doug se sent jugé, il n'a pas les codes. Sa femme essaie de le défendre et le regarde, navrée.

À la psychologue qu'il rencontre peu après, il raconte cet épisode. Il lui dit :

— Ils ont dit que je n'utilisais pas les bons mots. Ça ne change pas grand-chose. Il est toujours autiste. Ça ne change pas sa place dans le monde.

Je me suis moi-même trouvée confrontée à ce type de réaction, même si la personne qui m'a fait cette réflexion était beaucoup plus bienveillante que la femme pincée de la série. Je fais attention dans mes propos ou mes écrits à parler de personne porteuse d'autisme et non pas d'autiste, mais j'avoue que je le fais pour ne pas blesser les parents pour qui c'est important, et non parce que je juge que c'est important. Comme le père de Doug, je trouve que ça ne change rien à la situation. Toi Simon, tu es droitier, châtain, et tu as de grands pieds. Tout cela, ce sont des caractéristiques, comme l'autisme. En aucun cas, cela ne te définit entièrement. C'est la somme de ces caractéristiques qui fait que tu es Simon et une seule ne te résume pas.

Je comprends que le combat des parents qui revendiquent cette formulation est lié à la difficulté qu'ils ont eue à faire connaître ce qu'est l'autisme, ils ne veulent pas qu'on réduise leur enfant à ce trouble. Mais il ne faudrait pas que certains parents se sentent exclus du monde associatif à qui l'on doit tant pour une question de vocabulaire. Il y a mille et une façons d'être parent de personnes porteuses d'autisme : militante, surinformée, solitaire, blessée. Manu est resté longtemps extérieur au monde associatif, préférant se concentrer sur son fils et ne cherchant pas d'informations,

« *Il y a mille et une façons d'être parent de personnes porteuses d'autisme : militante, surinformée, solitaire, blessée.* »

sinon par mon biais. Jusqu'au jour où il a eu envie de participer à une formation proposée par le Centre de ressources autisme d'Île-de-France. Pendant trois mois, il y a passé une partie de ses samedis. Cela lui a beaucoup apporté. Comme toujours quand il s'engage dans quelque chose, il l'a fait à fond. C'était le bon moment pour lui. Et contrairement à ce qui s'est passé pour Doug, il a trouvé beaucoup de bienveillance dans ce groupe. Il était l'un des rares pères du groupe. Et il en a retiré une certaine reconnaissance de la part de toutes ces mamans qui se plaignaient souvent du manque d'investissement de leur conjoint, quand elles ne se retrouvaient pas toutes seules à élever leur enfant, le papa ayant préféré prendre la poudre d'escampette à l'annonce du diagnostic.

Atypical m'a également touchée, car elle évoque la fratrie, thème rarement abordé dans les médias. Pour les frères et sœurs, c'est pourtant la double peine. Ils doivent grandir avec cet enfant différent et ils perdent un peu de leurs parents, monopolisés par celui qui a besoin d'une attention de tous les instants. Le personnage de Casey est parfaitement juste de ce point de vue. C'est la petite sœur, pourtant c'est elle qui prend en charge en partie son frère. Elle doit tous les jours lui donner l'argent de son déjeuner et mange avec lui quand il ne trouve personne pour partager son repas. Pire encore, le jour où il est question qu'elle quitte l'établissement où ils sont scolarisés tous les deux pour un lycée plus prestigieux, ayant été remarquée pour ses qualités d'athlète, sa mère lui laisse entendre qu'elle ne peut pas laisser son frère. À l'entretien d'admission, Casey va même interrompre son interlocuteur parce que l'amie à qui elle a confié Sam ne le retrouve pas. Ses parents ne la verront pas gagner une course importante car Sam, dans les tribunes, a tiré les cheveux d'une jeune fille et provoqué un incident.

C'est tout cela que vivent les frères et sœurs, et les parents ont beau en être conscients, que peuvent-ils faire ? Je sais que j'ai énormément sollicité Paul et Tiphaine, d'autant plus que je travaillais beaucoup et que je leur ai souvent demandé de prendre le relais de Bogusia le soir. (Mais le leur ai-je vraiment demandé ?) Alors que je n'avais déjà pas été beaucoup là pour eux quand ils étaient petits, ils m'ont souvent remplacée auprès de toi. C'est une des rares choses que je regrette. Je n'en ai pas mesuré les conséquences sur le moment, car ils ne se sont jamais plaints. J'avais de mon côté tellement de combats à mener et un mari absent une partie de la semaine à cause de son travail. Si c'est une explication, ce n'est pas une excuse. Ma seule consolation, c'est de penser que t'avoir pour frère les a ouverts à la différence et à la tolérance, leur a appris que rien n'est jamais écrit, leur a donné une attention aux autres et une générosité exceptionnelles. Ce sont des belles personnes (je ne suis pas la seule à le dire !). Ils le seraient peut-être devenus sans toi. Qui sait ? En tout cas, tu ne serais pas ce que tu es aujourd'hui sans eux. Maintenant qu'ils commencent à voler de leurs propres ailes, il ne s'écoule pas un jour sans que tu exprimes ton manque de Paul et Tiphaine. Le jour où Paul a dit, au cours d'un dîner pendant des vacances en Lituanie, en 2014, que c'était sans doute le dernier voyage que nous ferions tous les cinq, tu as fondu en larmes : « Mais vous ne pouvez pas me laisser seul avec papa et maman… » Tout était dit.

22

« Tu sais que Francis Zegut reprend Pop Rock Station ? »

J'irai au bout de mes rêves,
Tout au bout de mes rêves.
J'irai au bout de mes rêves,
Ou la raison s'achève.
J'irai au bout de mes rêves.

Jean-Jacques Goldman, *« Au bout de mes rêves »*

14 août 2017. Piazza dei Signori à Padoue. Nous venons de passer la journée à sillonner la ville en tous sens. Assis à la terrasse d'un café, nous profitons de la douce lumière du soir. Ces petits instants qui font les grands moments… Je te regarde, je ne t'ai jamais trouvé aussi beau. Tes longs cils, tes cheveux qui bouclent dans la nuque, la quiétude de ton regard. Ton sourire à la Joconde m'indique que tu es en train de préparer quelque chose dans ta tête. « Tu sais que Francis Zegut reprend Pop Rock Station

ce soir ? » Non, je ne le sais pas. Et cette phrase qui vient rompre le charme m'agace un peu. Du coup, je rétorque : « Si tu les aimes tant, tes animateurs (sous-entendu “en tout cas assez pour nous casser les pieds en vacances”), tu n'as qu'à aller les voir. » Alors, je vois que ça mouline dans ta tête. Ma phrase t'ouvre des perspectives. Mais comment ? « Écris-leur une lettre pour leur demander si tu peux assister à leur émission. » Aussitôt, je nuance un peu ma réponse : « Ils doivent en recevoir beaucoup, mais on ne sait jamais. »

Je ne pensais pas que cela te ferait autant d'effet. Tu veux leur écrire tout de suite. Je t'explique que la plupart des animateurs doivent être en vacances. Qu'importe. Voilà que tu pianotes sur mon smartphone : « Bonsoir cher Mike, j'adore RTL2, plus particulièrement Made In France. Je m'appelle Simon et j'aimerais assister à ton émission, etc. » Tu décides que tu enverras ta demande dès que nous serons rentrés en France et, rêveur, tu t'imagines déjà en septembre. Tu te vois au micro. Je tempère ton enthousiasme : « Au mieux, tu vas assister à une émission, on ne va pas te demander de l'animer. Pour cela, il faut être plus âgé, avoir de l'expérience. » Je te parle d'une école que tu pourrais faire, Studio École de France. Ton frère Paul avait envisagé d'y entrer quand lui aussi rêvait d'être animateur radio.

— Je veux la faire tout de suite.
— Non, ça n'est pas possible. Il faut au moins que tu aies ton bac.

Et là, je vois de grosses larmes dévaler tes joues.

— Mais maman, si je n'ai pas le bac… Je ne crois pas que j'en suis capable.

Ton père et moi nous te rassurons.

— Bien sûr que tu vas avoir ton bac. Tu vas dans un collège où on va t'aider à progresser.

— Mais vous ne vous rendez pas compte, j'ai failli redoubler le CE2.

— Mais non…

— Mais si, parce que je faisais n'importe quoi à la flûte.

— C'est vrai que la maîtresse n'était pas contente, mais ce n'est pas pour ça qu'elle allait te faire redoubler. Il n'en a jamais été question.

C'est la première fois que tu nous parles de ton avenir, de tes études. Je ne me rendais pas compte que cet épisode de la flûte à bec t'avait inquiété à ce point. Tu ne nous en avais jamais parlé. La flûte à bec était une torture pour toi. Beaucoup d'enfants souffrant de dyspraxie ont du mal à souffler… C'était ton cas et, plutôt que de montrer une faiblesse en classe, tu avais préféré faire le pitre en soufflant n'importe comment.

L'heure est visiblement aux confidences puisque tu enchaînes sur un autre épisode qui te tient à cœur. Tu y mets d'abord les précautions d'usage.

— Maman, je vais te dire un truc qui va te faire de la peine.

— Ce n'est pas grave, Simon.

— Voilà… L'autre nuit, je crois que c'était vers la mi-juillet, j'ai fait un drôle de rêve. Pour être exact, c'était un cauchemar. On t'attendait avec Bogusia à l'école. Quand tu es arrivée, tu cherchais ta voiture dans la cour. Déjà, c'était bizarre. Tu es allée dire au revoir à Dany. Tu étais triste de la quitter, tu avais le visage déformé. J'ai eu très peur en voyant ça et je me suis mis à pleurer dans tes bras, en te demandant si tu étais malade. Mais tu ne me reconnaissais pas, tu ne reconnaissais plus personne. Même ton père, tu ne t'en souvenais plus. Et tu n'as jamais retrouvé la mémoire.

Je ne sais pas bien comment interpréter ce rêve. C'est vrai qu'en ce moment j'oublie beaucoup de choses. Peut-être à cause de la fatigue. Ou parce que je voudrais oublier certaines choses. En tout cas, je constate une fois de plus que rien de ce qui me touche ne t'échappe. Il est courant de penser que les personnes souffrant d'autisme ne font pas preuve d'empathie. Au contraire, beaucoup ont une empathie extrême dont elles cherchent à se protéger. En tout cas, elles ont souvent une manière différente de l'exprimer. Il faut juste savoir les écouter.

Ce soir-là, nous sommes rentrés à pied à l'hôtel en longeant le canal. Tu es fatigué et le chemin est un peu long. Je t'observe, trois pas derrière toi. Tu fais semblant de téléphoner à RTL2.

— Allô, c'est Simon, je voulais vous dire que je suis avec Gaëtan Roussel ; il partira de Croatie le 27 août à 21 h 45, ne vous inquiétez pas, il sera bien à l'heure pour le Double Expresso.

Tu fais mine de raccrocher et tu me lances :

— Bon, toi tu ne les vois pas, mais tous mes copains artistes sont là avec moi. M, Olivia Ruiz, Bertrand Cantat, Gaëtan

Roussel, Julien Doré, Vianney et Mika. Ils étaient déjà avec moi dans la voiture pendant tout le trajet pour venir de France.
— Dis donc, vous deviez être serrés derrière !

Tu me regardes, incrédule.

— Mais non, maman, ça n'est pas en vrai. C'est dans mon imagination.

J'éclate de rire.

— J'ai compris, Simon. Tu sais, je faisais la même chose à ton âge. J'avais des chanteurs qui me suivaient partout et à qui je parlais dans ma tête. La différence avec toi, c'est que je ne l'ai raconté à personne.
— Moi, ils sont partout avec moi. À la maison, au centre de loisirs, à l'école.
— Si je peux te donner un conseil, Simon, c'est de ne pas trop en parler. Tu peux le dire à ta famille, mais peut-être pas à tes copains.
— Pourquoi ?
— Parce qu'ils trouveraient sans doute ça bizarre.

Au moment où je prononce cette phrase, je me demande si je n'ai pas tort. En fait, qu'est-ce que j'en sais si les autres ne vivent pas la même chose ? Ce n'est pas le genre de sujet qu'on aborde devant la machine à café : « Au fait, toi aussi, il t'arrivait dans ton enfance de vivre une autre vie imaginaire ? »

— C'est très bien quand tu es seul. Ça peut t'aider à passer des moments difficiles, mais il ne faut pas que ça te fasse passer à côté de la vraie vie. Il ne faut pas que tes amis imaginaires prennent le pas sur tes amis réels. Moi, ça a été un peu le cas et je l'ai regretté plus tard. Et puis, à l'école, ils peuvent t'empêcher de te concentrer.

Tu sens pointer mon inquiétude et là, comme à ton habitude, tu fais machine arrière.

— Tu m'as cru… Mais non, c'était une blague ! Ils ne sont pas dans mon imagination, ils sont dans ma tête.

— Mais l'imagination et la tête, c'est un peu la même chose, Simon.

Tu ne relèves pas. Pour toi, le chapitre est clos.

23

« Le vent nous portera »

Je n'ai pas peur de la route.
Faudrait voir, faut qu'on y goûte.
Des méandres au creux des reins
Et tout ira bien là.

Noir Désir, *« Le vent nous portera »*,
paroles de Bertrand Cantat

Les vacances se terminent. Ton père a arrêté de fumer. J'ai écrit mon livre. Et toi, tu es encore passé à la vitesse supérieure. Non seulement tu es devenu une vraie pipelette qui se mêle de toutes nos conversations, mais tu as découvert l'humour dont tu uses et abuses… souvent à mes dépens ! Avec ton père, tu ries de ma manie de mitrailler tout ce qui bouge (et tout qui ne bouge pas !) en prenant l'accent du canton de Vaud : « Mais tu as mal cadré ta photooooo… » Ou tu me lances des piques bien senties à propos de mon étourderie légendaire. En Suisse, lors d'un pique-nique au Bois de Chênes, alors qu'on écoutait religieusement notre ami (et coach !) Philippe nous parler de l'amour, des relations affectives, tu t'es écrié : « Allez, on applaudit », l'air de dire :

« Bon, ça va, arrêtez de vous prendre au sérieux ! » Une interruption qui a provoqué notre hilarité et notre retour autour du feu, avec nos marshmallows piqués sur des bâtons. Tu mets le doigt sur nos travers. Tu te moques de la curieuse habitude que nous avons ta grand-mère, moi et ta sœur de ponctuer nos phrases d'un petit rire : tu appelles ça « rire dans la lune ». Tu as découvert les sketches de Norman, tu les mimes et tu te filmes. Tu utilises plein d'expressions (« Je croise les doigts pour que le train arrive à l'heure ») dont tu ne comprenais pas le sens il y a seulement quelques mois.

Ces vacances qui s'achèvent auront été marquées aussi par des moments teintés d'émotion. À Trévise, tu me demandes de te raconter les derniers instants de mon père. Je me rends compte alors que je ne t'ai jamais vraiment dit de quoi il était mort. Sur une place, à des centaines de kilomètres de chez nous, en cette belle fin de soirée d'été, je t'explique cette foutue maladie qu'est la leptospirose. Je te raconte les derniers échanges que j'ai eus avec ton grand-père à l'hôpital. Tu te jettes dans mes bras, bouleversé.

— Est-ce que tu crois que papi nous voit ?
— Oui, moi, je crois qu'il est encore avec nous. Tant qu'on pense à lui, tant qu'on parle de lui comme on vient de le faire ce soir, il est toujours vivant.
— Oui, mais est-ce qu'il nous voit ?

J'hésite un instant. Pas envie de te faire part de mes doutes. Douter, c'est croire. Et ce soir-là, je choisis de croire.

— Oui, il est auprès de Jésus et il nous voit.

Si cet été a été aussi riche en échanges, c'est peut-être aussi grâce à ce livre que j'écris sur le papillon que tu es en train de devenir. Chaque soir, tu me demandes de te lire le chapitre que j'ai rédigé dans la journée. Généralement, tu conclus par un sobre : « C'est bien. » Tu t'agaces quand j'en profite pour corriger des fautes de frappe. Ça ne va pas assez vite ! Parfois, tu me fais rectifier une phrase : « Non, je n'avais pas tout à fait dit ça. » Je m'exécute. Question détails, tu es un pro et ta mémoire en la matière est prodigieuse. De temps en temps, tu me demandes des explications sur un passage que tu ne comprends pas. Je pensais que me voir tapoter sur ma tablette pendant les vacances allait t'agacer. Au contraire, si j'ai un peu lambiné au bord de la piscine et que je n'ai rien à te raconter le soir, tu n'es pas content… Tu prends aussi beaucoup de plaisir à choisir la « bande-son » de mon livre. Tu donnes ton avis sur les chansons qui doivent illustrer tel ou tel chapitre : « Il faudra qu'il y en ait au moins une d'Olivia Ruiz. » Mais le débat central portera sur le titre du livre. Depuis le début, je sais qu'il fera référence à une chanson de Jean-Louis Aubert. Parce que c'est mon chanteur préféré, parce que ses textes ont accompagné mes joies et mes coups de blues depuis mon adolescence. J'ai pensé d'abord à « Le jour se lève encore », la chanson que j'écoutais matin et soir lors de mes trajets quotidiens, qui m'a portée dans les moments de doute et qui décrit exactement mon état d'esprit pendant toutes ces années.

Si cet été a été aussi riche en échanges, c'est peut-être aussi grâce à ce livre que j'écris sur le papillon que tu es en train de devenir.

Mais tu ne l'entends pas de cette oreille. D'accord, tu aimes bien Jean-Louis Aubert. Tu l'as même adoré. Tu as bassiné tout un été tes cousins avec « Les Lépidoptères » que tu repassais trente fois de suite sur la chaîne de tes grands-parents… Ils s'en souviennent encore ! Mais depuis il est largement dépassé dans ton cœur par quantité d'artistes. Entre autres Noir Désir. Pour toi, c'est sans appel, le livre doit s'appeler « Le vent nous portera ». Quand je t'ai rétorqué que c'était mon livre, tu m'as répondu du tac au tac que c'était aussi le tien puisque j'écrivais sur toi… Je ne pouvais pas te donner entièrement tort sur ce coup-là. Ce livre est effectivement autant le tien que le mien.

Ta passion pour ce groupe, et plus particulièrement pour Bertrand Cantat, date de plusieurs mois. Tu es fasciné par ses prestations sur scène que tu regardes en boucle sur YouTube. « Tu ne trouves pas que je ressemble à Bertrand Cantat ? », me lances-tu parfois, un brin provocateur, en mimant ses danses et ses déplacements. Avec tes cheveux mi-longs, ta gueule d'ange et tes mimiques de rebelle, tu réussis à me faire avouer qu'il y a peut-être un air de famille avec le Cantat du début. Autant je partage la plupart de tes goûts musicaux (ou, plus justement, je t'ai fait partager les miens !) et t'ai emmené en concert voir Stromae, M, Olivia Ruiz, les Insus, etc., autant, tu t'es vite rendu compte que j'avais un problème avec Noir Désir. Tu as bien senti que ce n'était pas qu'une question d'accords de guitares ou de voix. J'ai d'abord hésité à te raconter le drame de Vilnius. Tu es facilement impressionnable. Quel effet cela pourrait te faire de savoir que ton idole du moment a tué la femme qu'il aimait ? Mais tu as tellement insisté, comprenant sans doute que mon rejet de cet homme cachait quelque chose, que j'ai fini par cracher le morceau. Tu m'as alors beaucoup posé de questions et tu as conclu en me disant :

— Oui, mais il n'a pas fait exprès…

Alors là, j'ai explosé :

— Et alors, tu crois que tuer des gens sans faire exprès, ça n'est pas grave. Une femme est morte. Des parents ont perdu leur fille, des garçons leur maman. Tout ça parce que cet homme était violent. Ne pas faire exprès, ce n'est jamais une excuse.

S'en est suivi une conversation sur le sens de la responsabilité et la violence. Si ma révélation t'a fait réfléchir, elle ne t'a pas détourné de ta passion pour ce groupe.

Tu as continué à revenir régulièrement à la charge avec « Le vent nous portera ». C'est devenu une sorte de rituel entre nous : chacun de nous défendait son titre avec moult arguments. Jusqu'au jour où, cédant à ta demande, j'ai réécouté attentivement la chanson de Noir Désir. J'avais le souvenir d'un texte triste, noir. Est-ce parce que mon humeur du jour était zen et badine, les paroles ont pris cette fois un autre sens pour moi. Sans doute pas celui qu'avait voulu donner l'auteur… Moi, à cet instant, j'entendais : « Faisons confiance à la vie ». Non seulement, ces mots résonnaient avec notre histoire, mais ils répondaient comme en écho à ceux de la chanson de Jean-Louis Aubert, « Le jour se lève encore ».

Il y avait une première période, celle de la lutte, de l'action, de l'alternance du découragement et de l'espérance, puis une deuxième période, celle du lâcher-prise, de la confiance, de la foi en ce que nous avions semé et en ce que la vie nous réservait. Ces paroles résonnaient-elles de la même façon chez toi ? Entendais-tu le même message ?

Mais pardon, Simon, je ne pouvais décemment pas donner comme titre à notre livre celui d'une chanson d'un homme qui avait tué sa femme. Devant ta déception, je t'ai promis que cette chanson y serait présente d'une manière ou d'une autre. J'ai relu une dernière fois les pages que je venais d'écrire. Oui, c'était l'histoire de ton parcours, mais c'était avant tout une déclaration d'amour, à toi Simon, mais aussi au monde. Et cette déclaration d'amour m'en rappelait une autre, celle d'une chanson de Jean-Louis Aubert écrite sur une musique de Barbara. Une chanson que j'aurais tellement voulu écrire pour toi, une chanson qui t'allait comme un gant : « Vivant poème ».

Vas, ce monde je te le donne.
Vas, jamais n'abandonne.
Vrai qu'il n'est pas à l'image
Des rêves d'un enfant de ton âge.
Je sais,
Le monde a des accents.
Souvent il nous montre les dents.
Mais je l'aime comme je t'aime.
Il faudra bien que tu l'aimes.
Tu en es le vivant poème.

Les vacances sont finies, la boucle est bouclée. Dans une semaine, tu franchiras la porte de ce collège dont nous espérons tant. À Porec, après une dernière photo du soleil couchant sur la mer croate, je choisis de croire que le vent nous portera… Et tout ira bien.

Mes coups de cœur « culture »

....

UN FILM

Le Monde de Nathan

Il faut voir ce film ! L'acteur, Asa Butterfield, est stupéfiant : il interprète avec talent toutes les subtilités de l'autisme. On est loin du caricatural Rain Man. Le réalisateur, Morgan Matthews, nous raconte l'histoire de Nathan, un garçon atteint d'un syndrome d'Asperger, qui éprouve de grandes difficultés à communiquer avec son entourage et trouve refuge dans les maths. Plus fort en équations qu'en relations, il tisse pourtant une amitié étonnante avec un professeur anticonformiste. Une première marche vers une renaissance, pour l'un comme pour l'autre…

Au-delà des troubles du spectre autistique, ce film parle des super-pouvoirs de l'amour qui, tel une baguette magique, nous transforme, nous fait sortir de notre coquille, nous aide à sublimer nos handicaps, quels qu'ils soient.. Ce film arrive même à faire aimer les mathématiques aux plus allergiques à cette matière !

UNE SÉRIE

Atypical

J'ai déjà dit dans mon livre tout le bien que je pensais de cette série de Robia Rashid produite par Netflix. Tendre, touchant et drôle, *Atypical* nous raconte le quotidien d'une famille qui tourne autour de Sam, 18 ans, autiste de haut niveau. Comme tous les jeunes de son âge, il veut découvrir l'amour. Sa mère et sa sœur, très protectrices, ne voient pas cette idée d'un très bon œil. On suit cet ado dans son parcours atypique et on en vient à se poser cette question: c'est quoi, être normal?

UN LIVRE

L'empereur, c'est moi

Ce livre a été une claque. Je l'ai lu d'une traite, souvent en larmes. Tout d'un coup, j'avais accès, à travers le livre de cette personne autiste devenue adulte, à ce qui se passait peut-être dans la tête de mon fils, à une époque où la communication entre nous était encore limitée. En plus, il est merveilleusement bien écrit. Hugo Horiot, aujourd'hui comédien, raconte ses premières années du point de vue de l'enfant qu'il était : ses angoisses, ses obsessions, sa relation magnifique avec sa mère, son regard sans concession sur notre monde. Poignant. (Publié en poche chez J'ai lu.)

UN SPECTACLE

Le Bal des pompiers

Depuis la naissance de son fils Gabin (un 13 juillet, date du bal des pompiers), autiste et hyperactif, la vie de Laurent Savard est un « feu d'artifice permanent ». Et un combat quotidien contre les préjugés. Plutôt que de s'apitoyer sur son sort, ce comédien a choisi de bousculer, par l'humour, notre regard sur la différence. Le temps d'un one-man show, il nous immisce dans le parcours du combattant de parent d'enfant différent. Les portraits qu'il croque sont décapants : la directrice d'école qui n'a pas fait ce métier pour « s'occuper d'enfants handicapés », la psy freudienne, la mère de famille scandalisée de voir Gabin se déshabiller dans un square... Toujours drôle, parfois grinçant, ce spectacle est une vraie déclaration d'humour salutaire. Et une très belle déclaration d'amour à son fils.

Pour connaître la date des prochaines représentations : laurentsavard.com

Remerciements

À Bogusia, la super kid-sitter de Simon.

À Margaux, tellement précieuse, tellement indispensable et tellement gaie.

À Anne Buisson, fondatrice de l'association Sur les bancs de l'école, à qui je dois d'avoir cru dès le début que tout était possible.

À tous les thérapeutes qui ont soutenu Simon (et sa famille !) pendant ces dix années : l'équipe de la maison de Ted (Vanessa L., Bertille C., Emmanuelle S., Fanny C.., Cécile V.), l'équipe du Sessad (Olivier G., Jessica M., Camille G., Ségolène M., Solène M., Alice M., Ioanna P., Anne M.), Vanessa P. et Vincent N. Des mains de fer dans des gants de velours !

À Nathalie Delizy, une directrice d'établissement exceptionnelle et engagée, qui prouve que l'intégration par l'école est possible.

À Élodie, Caroline et Nathalie, les super AVS qui ont accompagné Simon à l'école primaire.

À Florence H. et Patricia G, les enseignantes référentes qui ont si bien su nous épauler et nous conseiller dans le parcours semé d'embûches qu'est celui de la scolarisation d'un enfant atypique.

Au professeur Frédérique Bonnet-Brilhaut et à son équipe, si compétente et accueillante.

À Marcel Rufo, mon ami et mon maître qui, conférence après conférence (presque quarante !), me nourrit, me fait grandir et arrive encore à m'étonner ! Merci, cher Marcel d'avoir eu la gentillesse de signer, la préface de ce livre. Et vous avez bien fait d'être prudent…

À l'équipe de Version Femina, ma seconde « famille » depuis quinze ans. Il y aurait tant de choses à dire…

À mes deux tribus, les Préel et les Lockwood, les deux jambes dont j'ai besoin pour avancer.

À ma belle-famille de cœur, les Charpentier. On a coutume de dire qu'on ne choisit pas sa famille. Moi, j'ai eu la chance de vous choisir et je m'en réjouis jour après jour depuis ce 4 juillet 1992 où vous m'avez si gentiment ouvert les bras.

À Isa, ma meilleure amie pour la vie. Tu es celle qui m'a fait sortir de ma bulle. De nos confidences d'adolescente à la mission que je t'ai confiée en te choisissant comme marraine pour Simon, tu as toujours été là. Solaire et bienveillante.

À l'équipe des éditions Leduc.S qui a su me convaincre de me lancer dans cette aventure et m'accompagner avec toute la chaleur qui les caractérise : Sophie, Aurélie, Bérénice, Caroline, Élisabeth.

Cher Simon…

Ce livre que vient d'écrire ta mère me bouleverse d'autant plus qu'à travers toi et ton vécu, je revis ma propre histoire. Comme toi, je suis le dernier de la fratrie, comme l'a fort bien expliqué ta maman, j'ai longtemps eu peur d'avoir un troisième enfant.

Tu es là et bien là, mais nous avons dû construire tous les deux notre relation. Cela n'a pas été simple et ça a pris du temps. C'est au cours de moments de doute, douloureux, que m'est venu l'idée des « toutous », notre rituel du soir, qui nous a permis d'être complices, de rigoler ensemble et de nous apprivoiser.

Quel bonheur de te voir grandir et évoluer à grands pas, de partager avec toi de plus en plus de moments. Je suis fier de toi, fier des efforts que tu fais pour affronter le monde, le regard des autres qui a pu être parfois blessant.

N'oublie jamais que la vie mérite que l'on se batte pour elle, qu'il faut l'aimer. « *Carpe diem* » est d'ailleurs ma devise préférée, et c'est cela que je veux te transmettre.

Tu es beau dans ton cœur… Je t'aime !

Ton père

Lorsque je pense à toi, Simon, le premier mot qui me vient à l'esprit est « énigmatique ». Tu es capable de tout et de son contraire selon le moment de la journée, le lieu où tu te trouves, les personnes présentes ou ton humeur. Mais ce seul mot « énigmatique » me semble insuffisant pour te qualifier, mon petit frère. À vrai dire, aucun mot ne serait suffisant. Tu fais partie de ces êtres dont la complexité est telle que tenter de les nommer, de les qualifier, de les mettre dans une case, semble illusoire, voire parfaitement insensé ! Même le terme « autiste » ne dit rien de ta singularité. « Autiste », finalement, ne dit rien sur toi, car tu n'es pas l'autisme. Tu es Simon. Or, le livre de maman ne se contente pas de parler de l'autisme de son fils. Elle parle de son fils, de ton histoire, de tes doutes, de tes passions. Ce livre est ni plus ni moins qu'une magnifique déclaration d'amour d'une mère à son enfant. Une déclaration pleine de douceur et de poésie. Toi et maman, vous avez d'ailleurs en commun de porter sur la vie un regard poétique. Une sorte de fausse candeur qui vous confère un charme naturel, bien souvent irrésistible. Je dis « fausse candeur », car vous êtes tous les deux, en fait, dotés d'une grande lucidité. Tu m'as d'ailleurs toujours fait penser, par certains aspects, au Petit Prince. Notamment lorsque celui-ci, ayant parcouru toutes les planètes environnantes, finit par conclure : « Les grandes personnes sont bien étranges. » Je t'imagine souvent, tapi dans un coin comme une petite souris, observant les autres, écoutant leurs discours et finissant par se dire : « Les personnes sont bien étranges. »

Ta sœur

Simon, mon frère que j'aime tant. Depuis le début, nous avons une relation forte mais complexe. Du fait d'abord de notre différence d'âge très grande : je me suis beaucoup occupé de toi le soir, mais nous n'avions pas de passions que nous pouvions partager. Tes troubles n'ont pas facilité non plus la possibilité d'avoir une complicité construite sur des centres d'intérêt commun. Petit, tu avais la tête et les yeux fixés sur les lignes de bus et de métro. Puis vint la musique, mais nous n'avions pas forcément les mêmes goûts. Au moment où il y avait le plus de tensions entre toi et moi, ce qui est normal et même sain dans une fratrie, j'ai décidé de partir. Ça nous a fait du bien. Je pense que, au fond, les problèmes étaient dus à ta jalousie et à ta volonté d'être le plus proche de maman (tu avais du mal à accepter qu'elle s'inquiète aussi pour moi). Je pense aussi que je comprenais mal ton trouble. Je ne savais pas toujours comment me comporter et trouver la place qui devait être la mienne par rapport à toi. Depuis septembre 2016, nous nous sommes (re)rencontrés. Et, au moment où j'écris ce texte, nos relations sont riches et apaisées. Tu es bien plus mature, bien plus ouvert aux autres. Tu t'intéresses à leurs passions (en ce qui me concerne, le foot!). Je suis content de t'avoir auprès de moi, je suis fier de ton parcours et de tes progrès.

Ton frère

Achevé d'imprimer en janvier 2018
sur les presses de la Nouvelle Imprimerie Laballery
58500 Clamecy
Dépôt légal : février 2018
N° d'impression : 712300

Imprimé en France

La **N**ouvelle **I**mprimerie **L**aballery est titulaire de la marque Imprim'Vert®